Claude Debussy

La Boîte à Joujoux

Ballet pour Enfants

Argument d'ANDRÉ HELLÉ

PARTITION D'ORCHESTRE

Facsimile of the original Durand title page

CONTENTS

1. Prélude 1
2. Tableau I: *Le Magasin de jouets* 7
3. Tableau II: *Le Champ de Bataille* 64
4. Tableau III: *La Bergerie à vendre* 93
5. Tableau IV: *Après Fortune faite* 108
6. Épilogue 117

Debussy orchestrated only the first 93 measures. The remainder of the orchestration was completed after the composer's sketch by his student André Caplet (1878-1925).

ORCHESTRA

2 Flutes, Piccolo, 2 Oboes, English Horn, 2 Clarinets, 2 Bassoons
2 Horns, 2 Trumpets
Timpani, Triangle, Side Drum, Cymbals, Bass Drum, Rattle
Celesta, Harp, Piano
Violin I, Violin II, Viola, Violoncello, Double Bass

Duration: ca. 50 minutes

First performance
December 10, 1919, Paris
Théâtre-Lyrique de Vaudeville
Orchestra / D. E. Inghelbrecht

ISBN: 1-932419-93-4
This score is a slightly modified unabridged reprint of the score
issued in 1920 by Durand et Cie., Paris, plate D. & F. 9830
The score has been scaled to fit the present format.

Printed in the USA
First Printing: July, 2009

LA BOITE A JOUJOUX

Ballet pour Enfants
de
ANDRÉ HELLÉ

PRÉLUDE

Musique
de
CLAUDE DEBUSSY

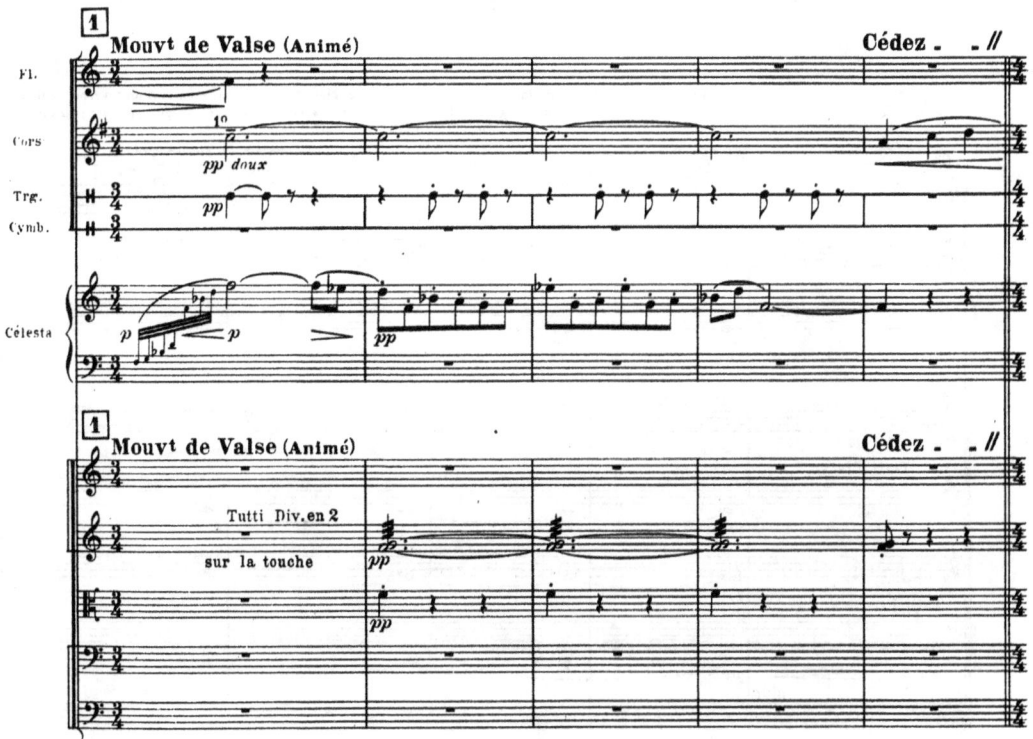

L'intérieur d'un magasin de jouets; presque dans l'obscurité; par un vitrage on voit un réverbère qui brûle à l'extérieur; au premier plan, une grande boite en bois blanc avec couvercle, et un phonographe; au fond, appuyées contre le mur, Pierrot, Arlequin, Polichinelle et trois poupées dorment.

1ᵉʳ **TABLEAU.** — Une des poupées se réveille et marche en cadence, se dirigeant vers l'avant-scène.

Elle touche un interrupteur: *Lumière*

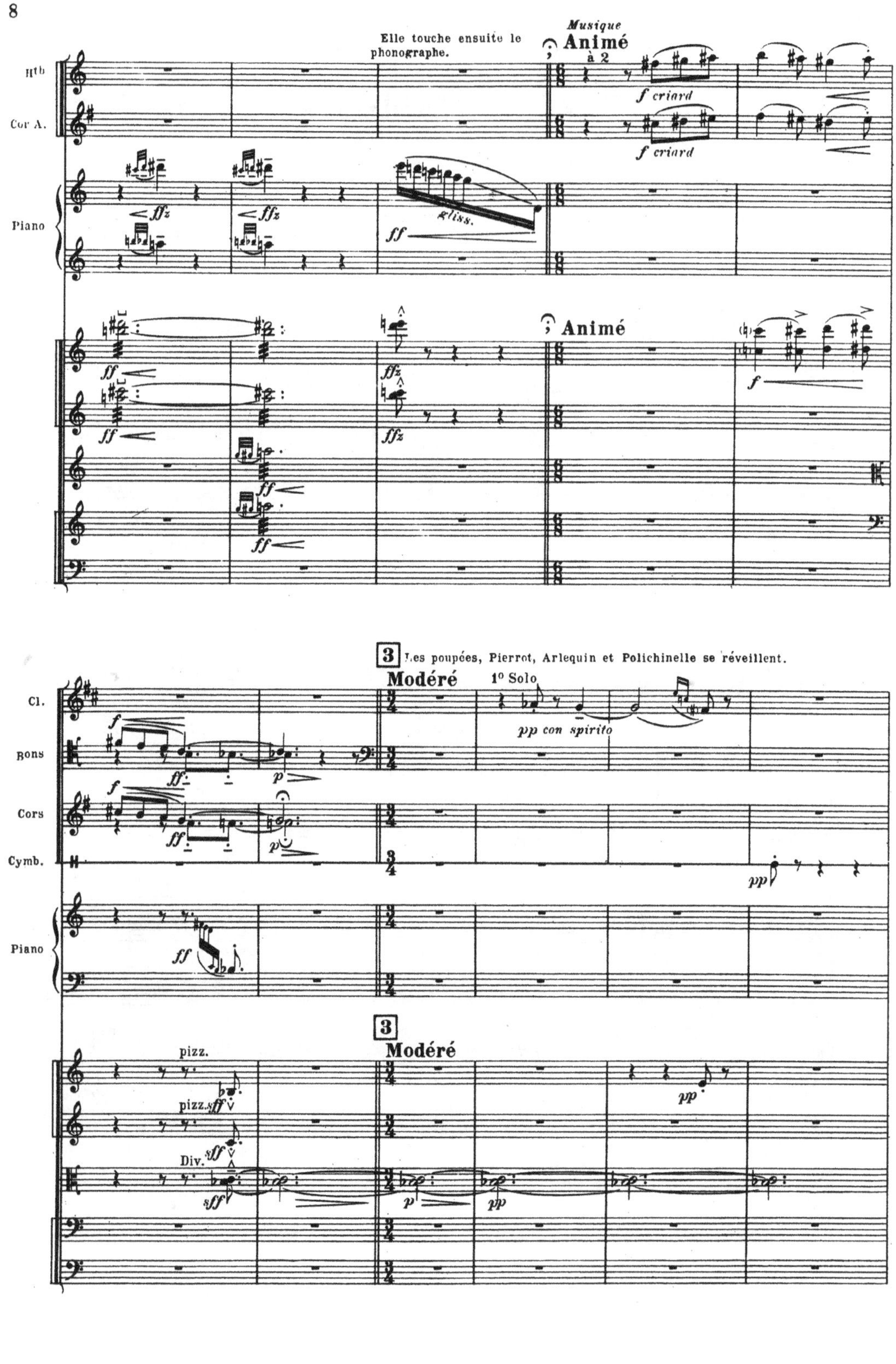
Elle touche ensuite le phonographe.
Musique
Animé
à 2
Htb
Cor A.
f criard
f criard
Piano
ffz
ffz
ff
gliss.
ff
ff
ffz
ffz
Animé
f
ff
ff
3
Les poupées, Pierrot, Arlequin et Polichinelle se réveillent.
Modéré
1º Solo
Cl.
Bons
Cors
Cymb.
Piano
pp con spirito
f
ff
p
f
ff
p
pp
ff
3
Modéré
pizz.
pizz.
sff
sff
Div.
sff
p
pp
pp

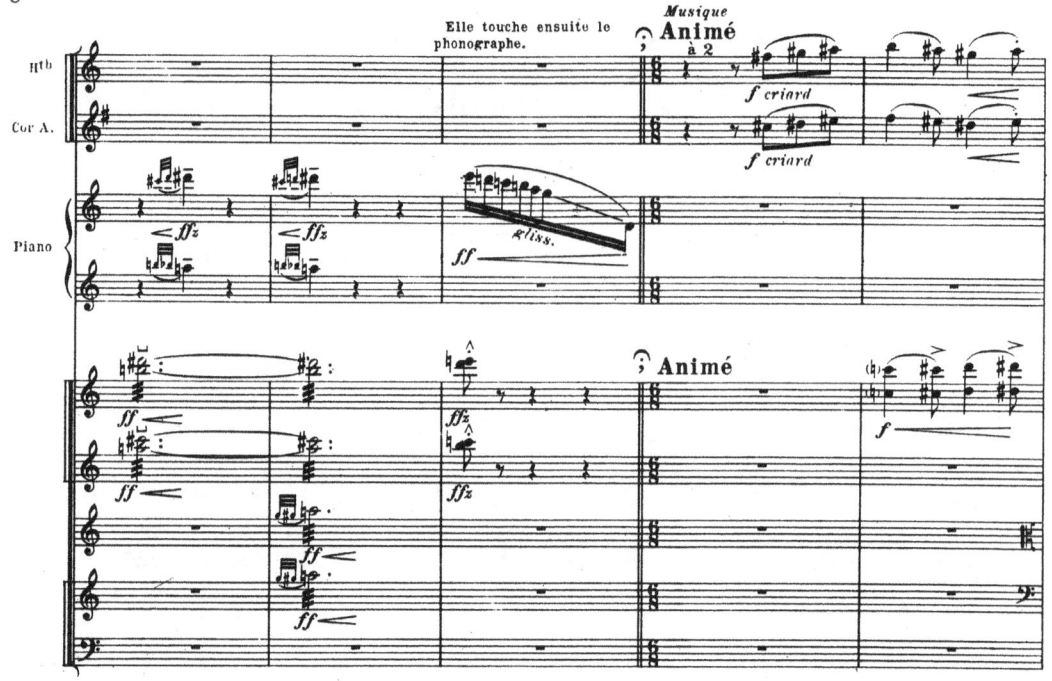

16

17

18

LE SOLDAT ANGLAIS

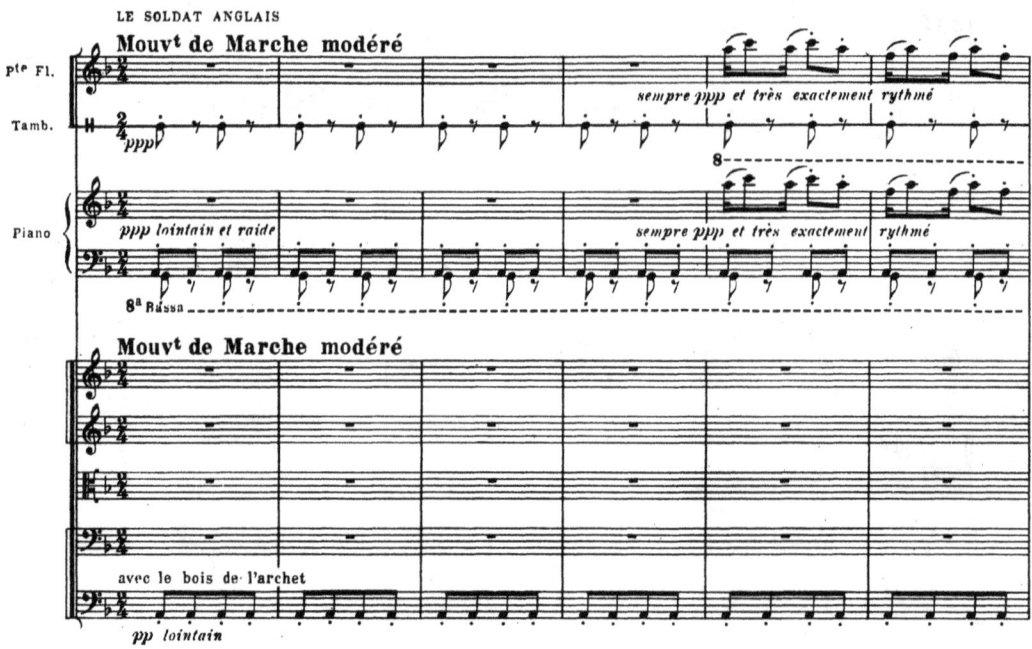

22

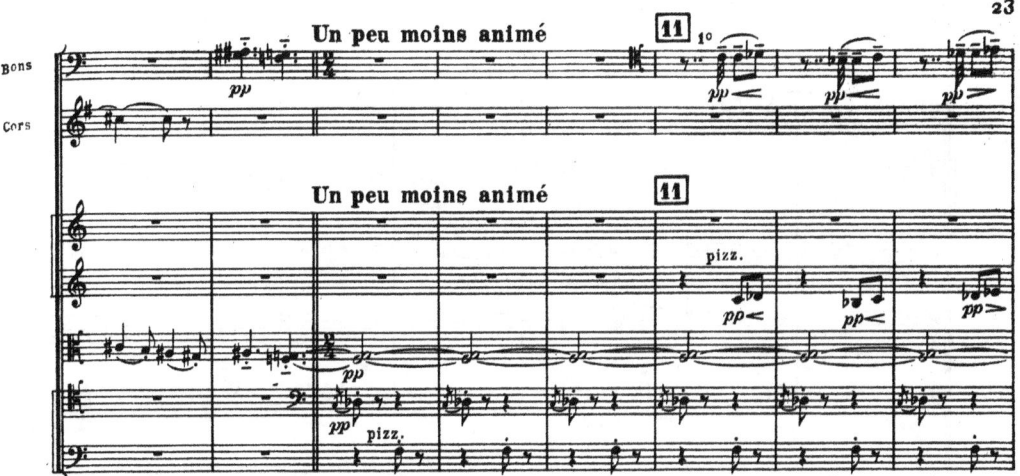

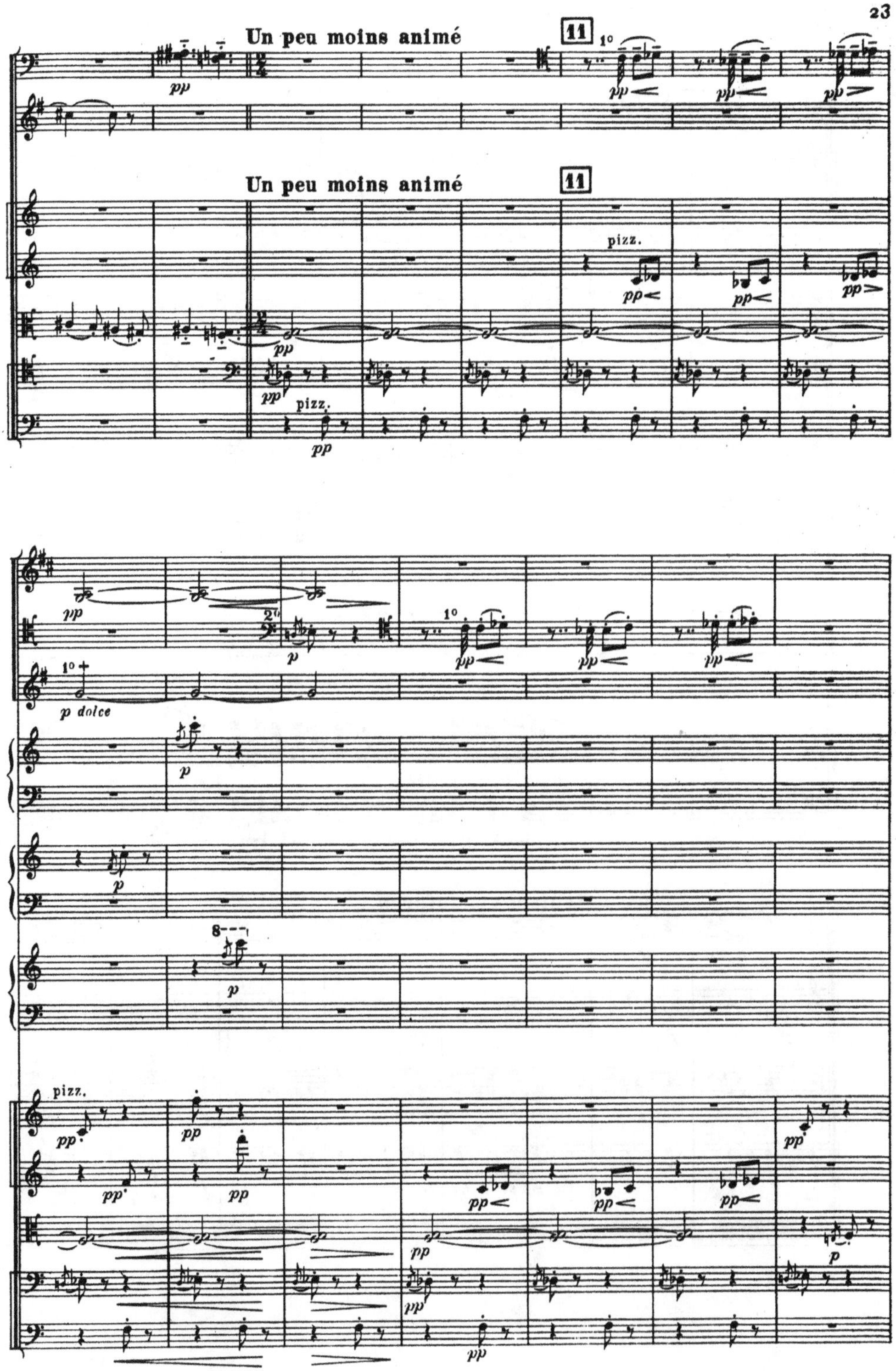
Un peu moins animé
11
Bons
Cors
1°
pp
Un peu moins animé
11
pizz.
pp
pizz.
pp
Cl.
Bons
Cors
1°
p dolce
2°
p
Célesta
Harpe
Piano
8
pizz.
pp

24

12 LE NÈGRE..., dans quelques mesures : LE POLICEMAN
Modéré
Fl.
Cl.
Bons
Trg.
Cors
Tamb.
Cymb.
pp ironique
pizz.
arco
marqué

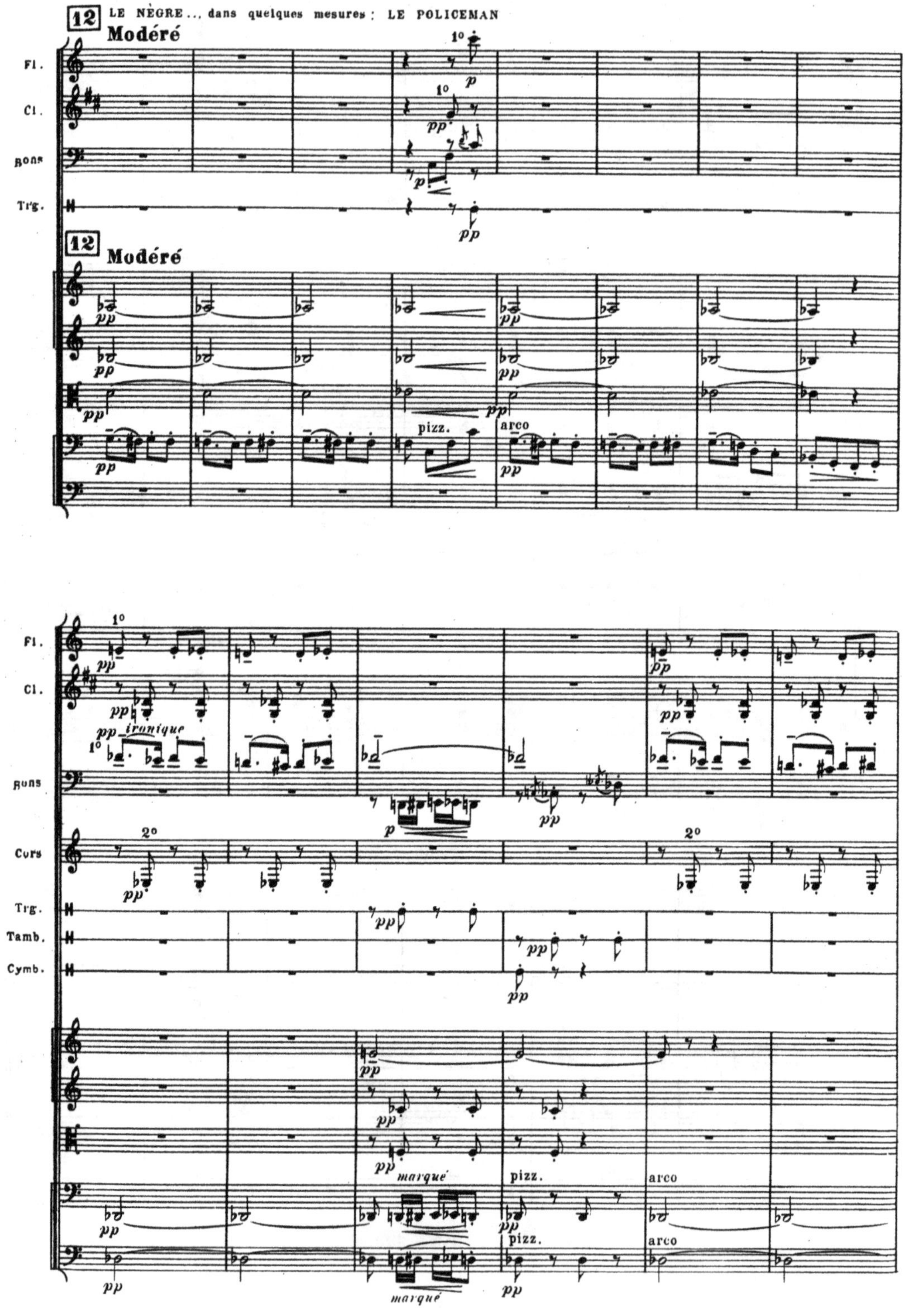

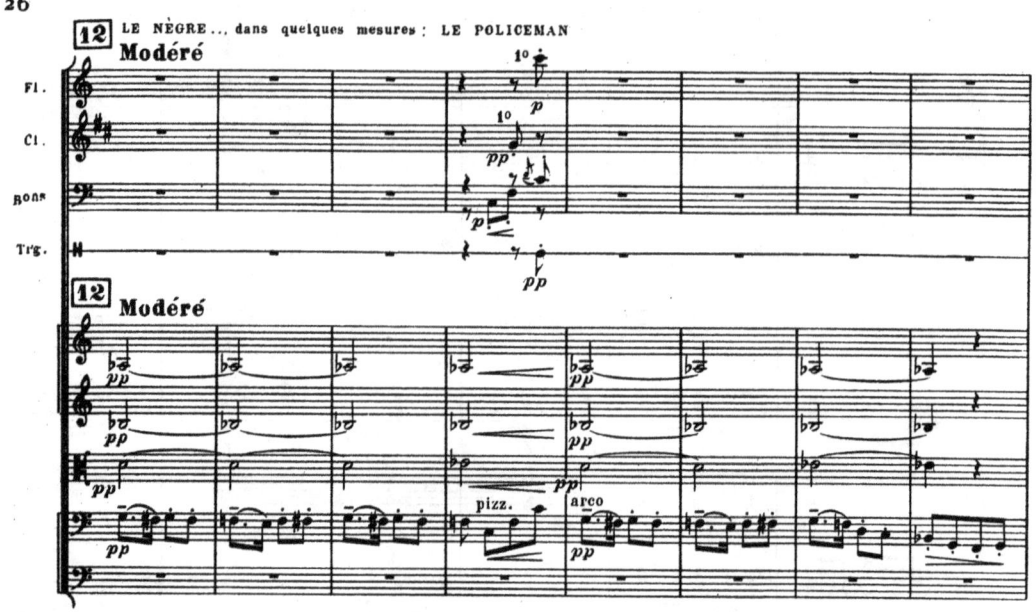

28

16
Fl.
Cl.
Trg.
Cymb.
Harpe
1°
p
dim.
16
dim.
dim.
dim.
pizz.
Unis
p
dim.
pp
Fl.
Cymb.
p
pp

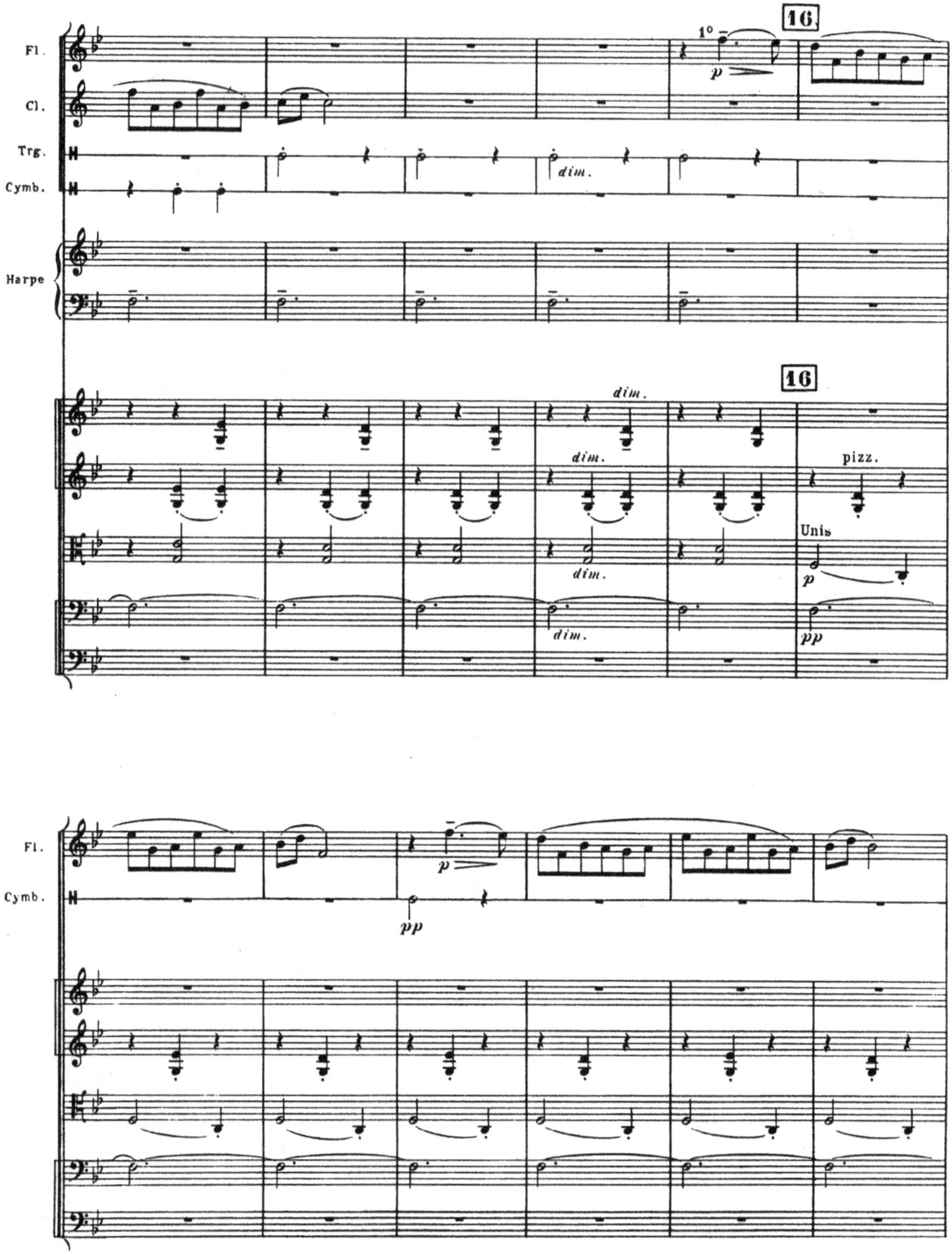

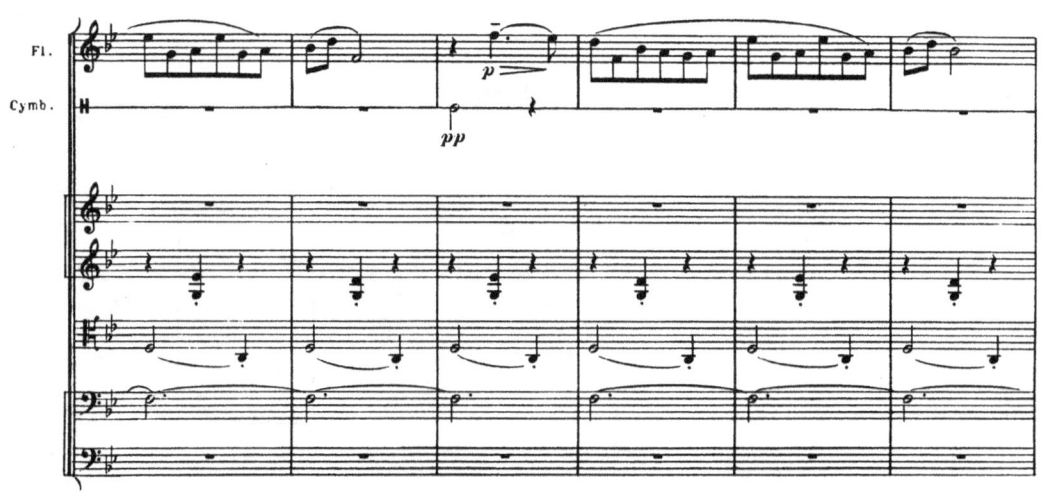

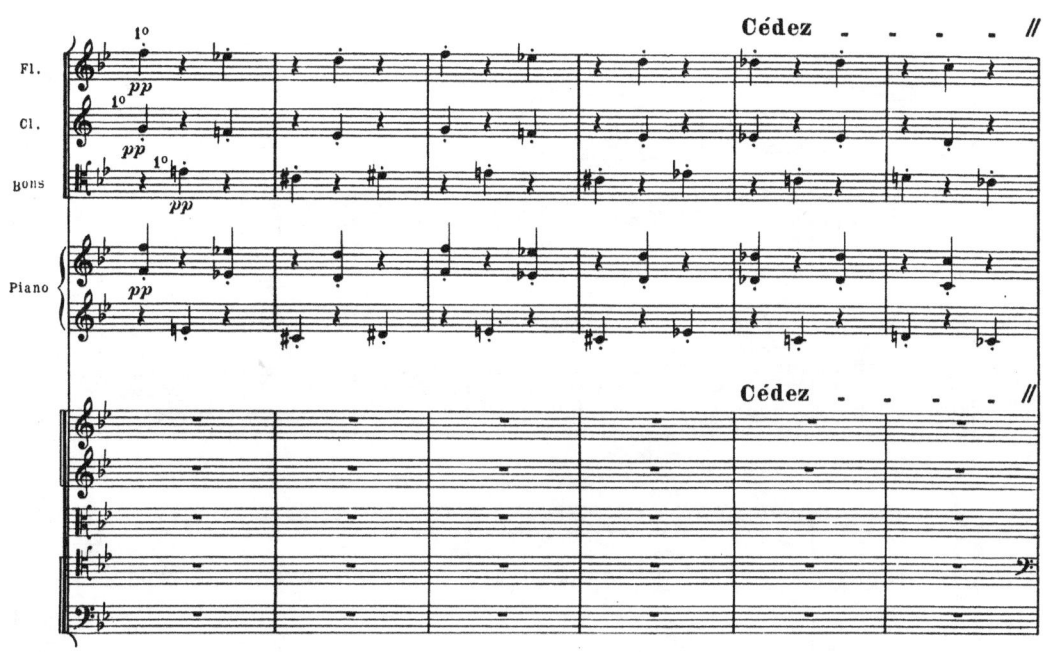

38

Pierrot, Arlequin, Polichinelle et les

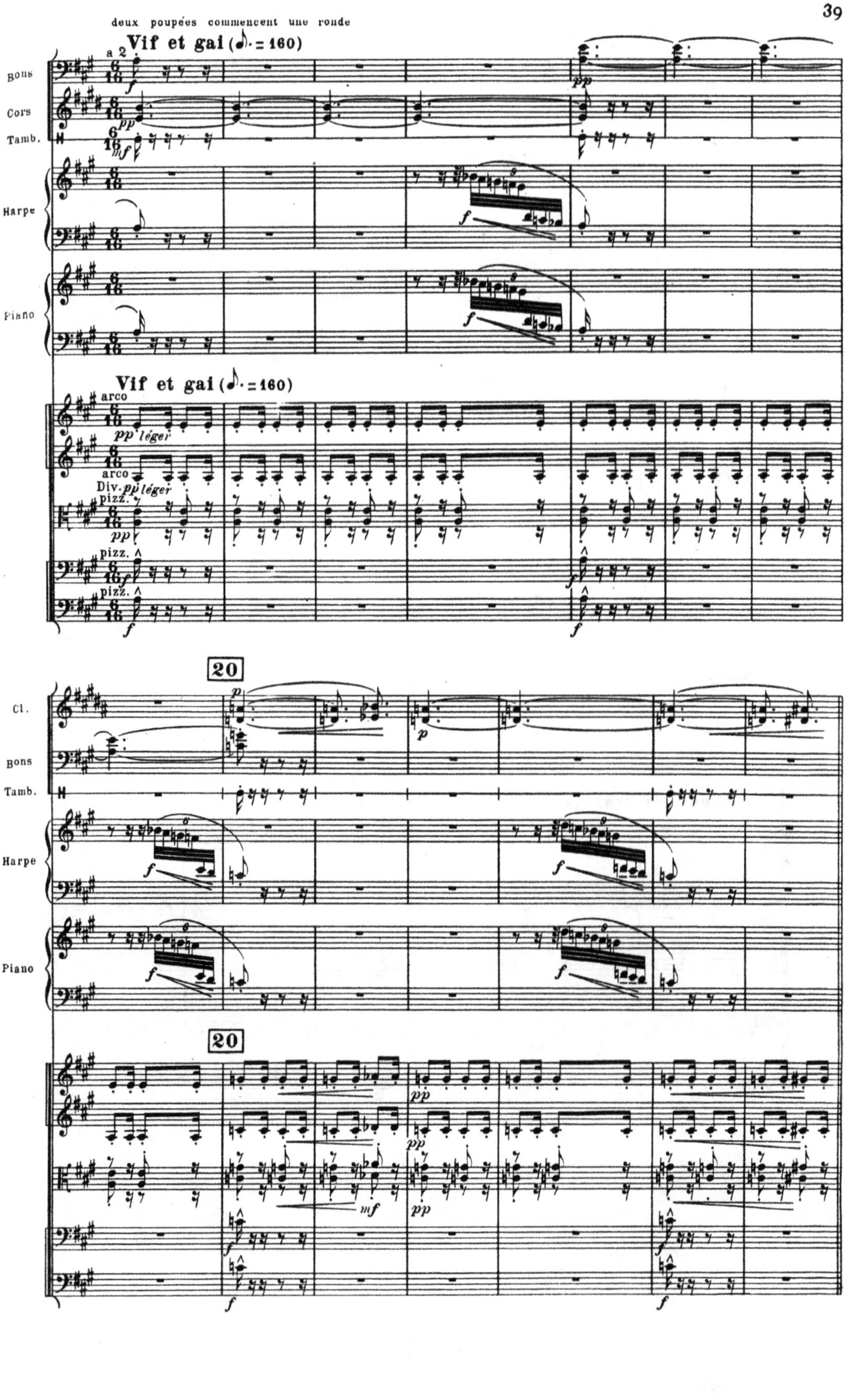
deux poupées commencent une ronde
Vif et gai (♪. = 160)
a 2
Bons
Cors
Tamb.
Harpe
Piano
Vif et gai (♪. = 160)
arco
pp léger
arco
Div. pp léger
pizz.
pizz.
pizz.
20
Cl.
Bons
Tamb.
Harpe
Piano
20
pp
mf
f

46

47

En passant devant la boîte la poupée laisse tomber une fleur...

49

52

et donne un coup de pied dans le nez du soldat:

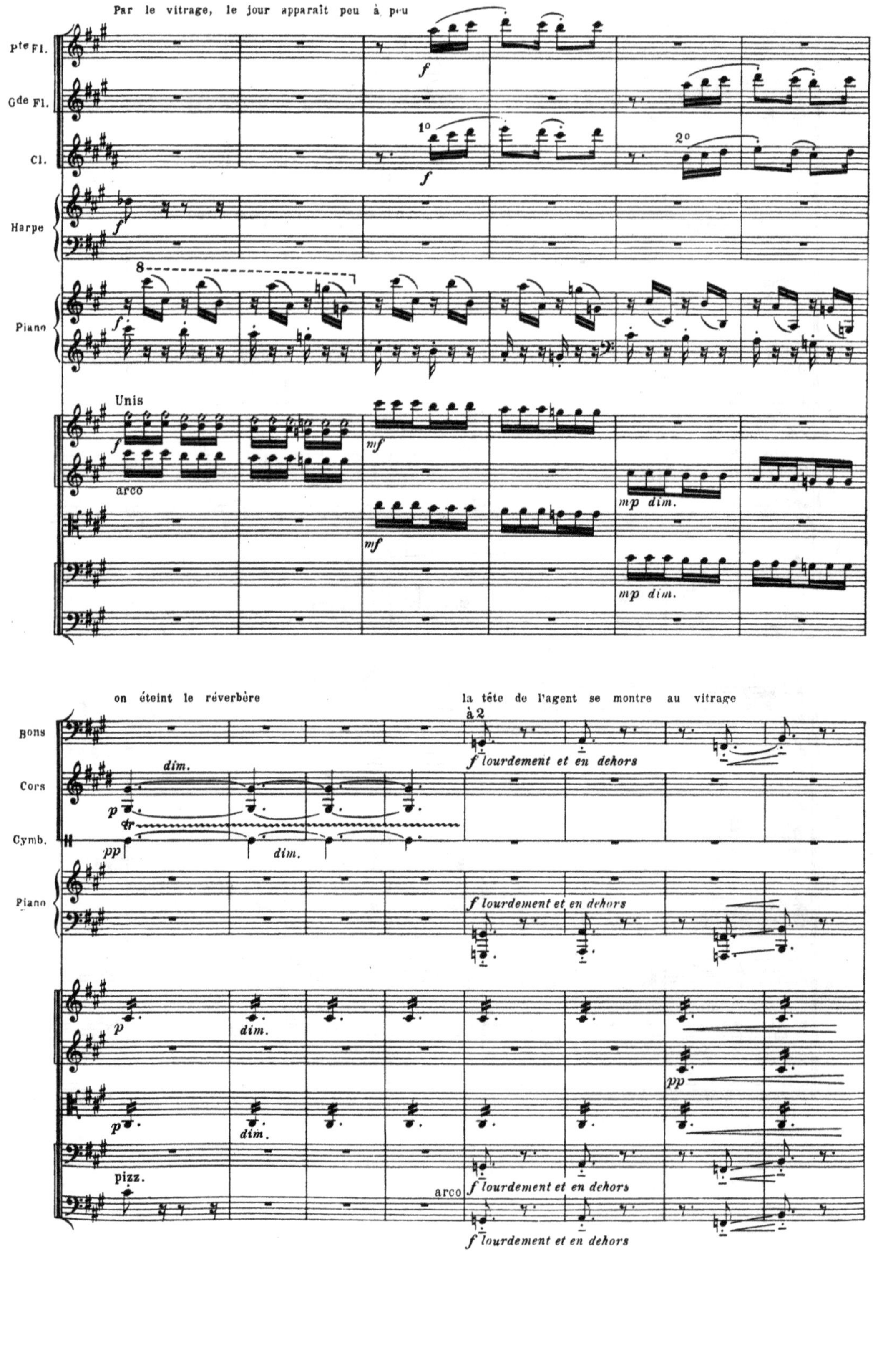
Par le vitrage, le jour apparaît peu à peu
pte Fl.
Gde Fl.
Cl.
1o
2o
Harpe
Piano
8
Unis
arco
mf
mp dim.
on éteint le réverbère
la tête de l'agent se montre au vitrage
Bons
à 2
f lourdement et en dehors
Cors
dim.
Cymb.
tr
pp
pizz.
arco

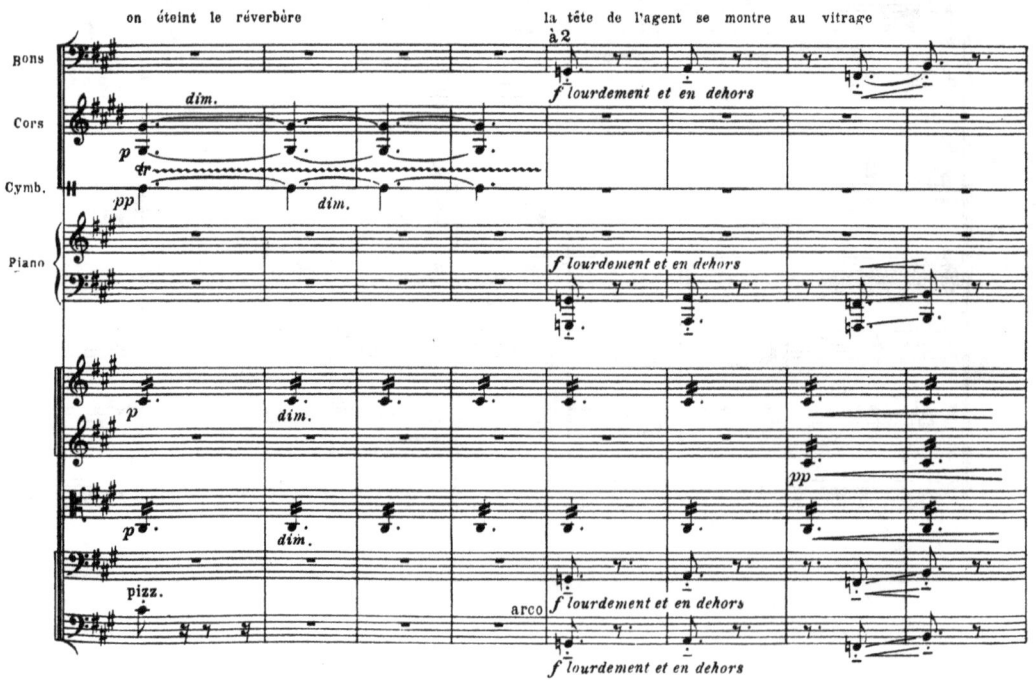

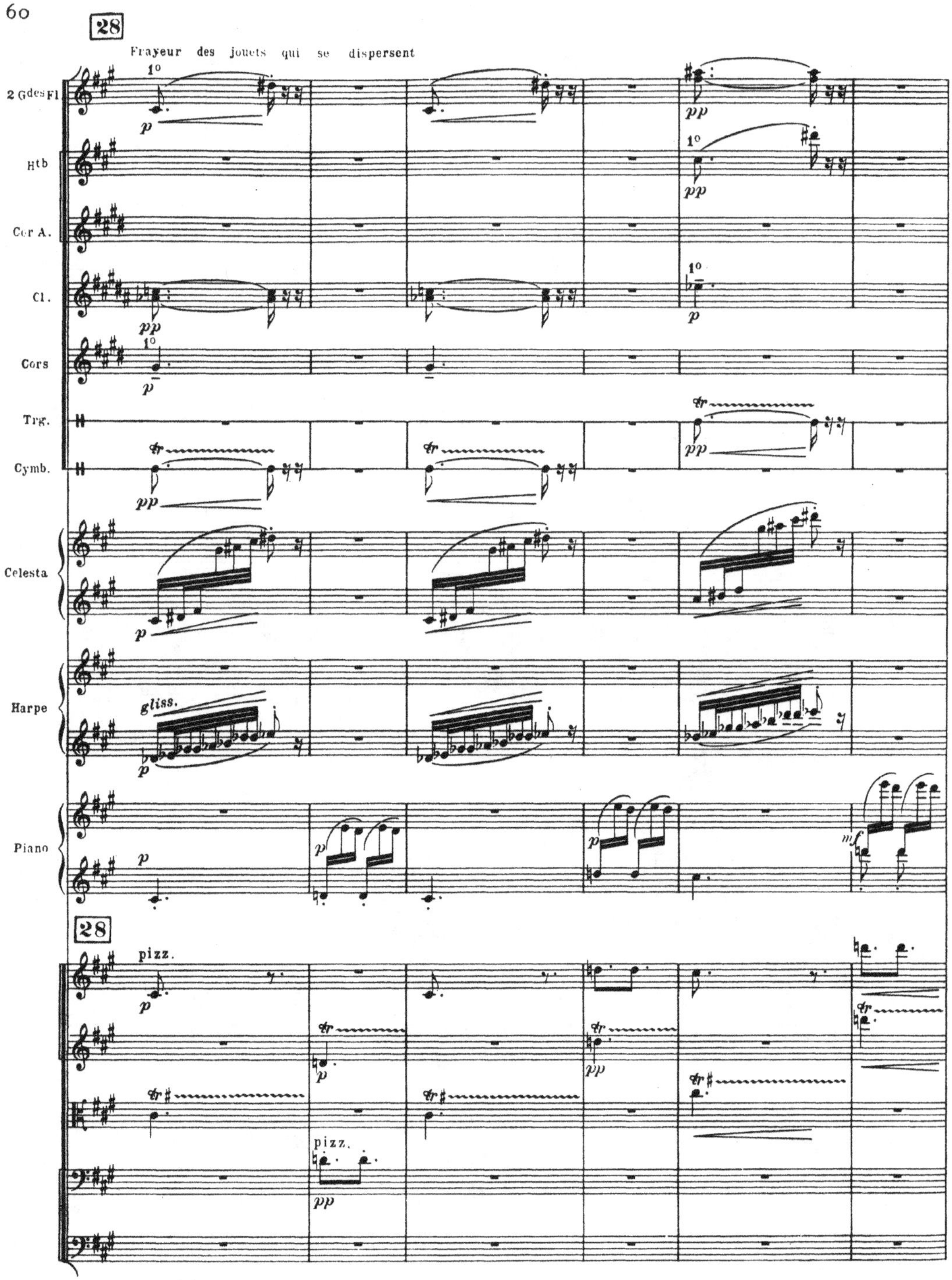
28
Frayeur des jouets qui se dispersent
2 Gdes Fl.
Htb
Cor A.
Cl.
Cors
Trg.
Cymb.
Celesta
Harpe
Piano
gliss.
pizz.
28
pizz.

61

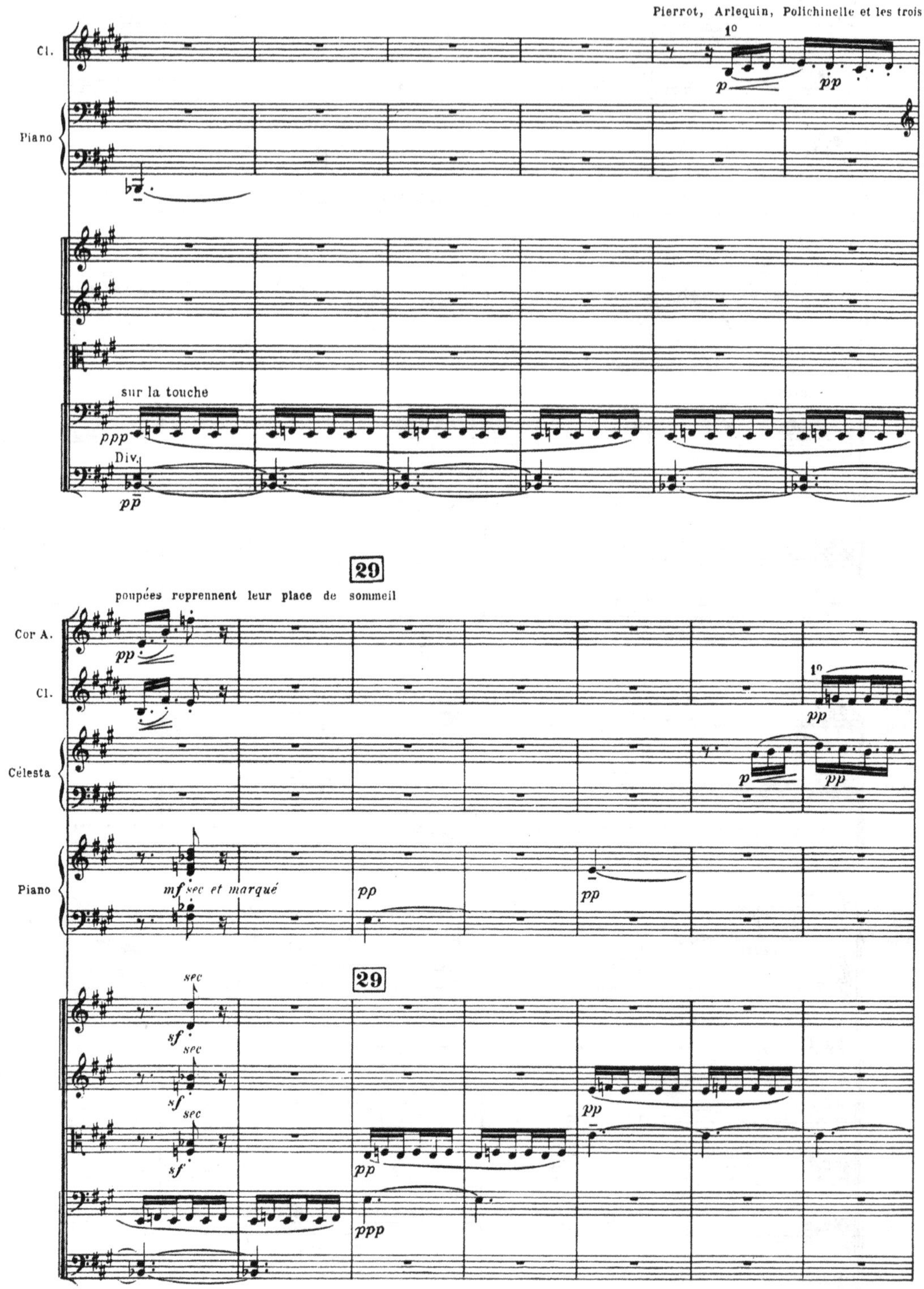

Pierrot, Arlequin, Polichinelle et les trois

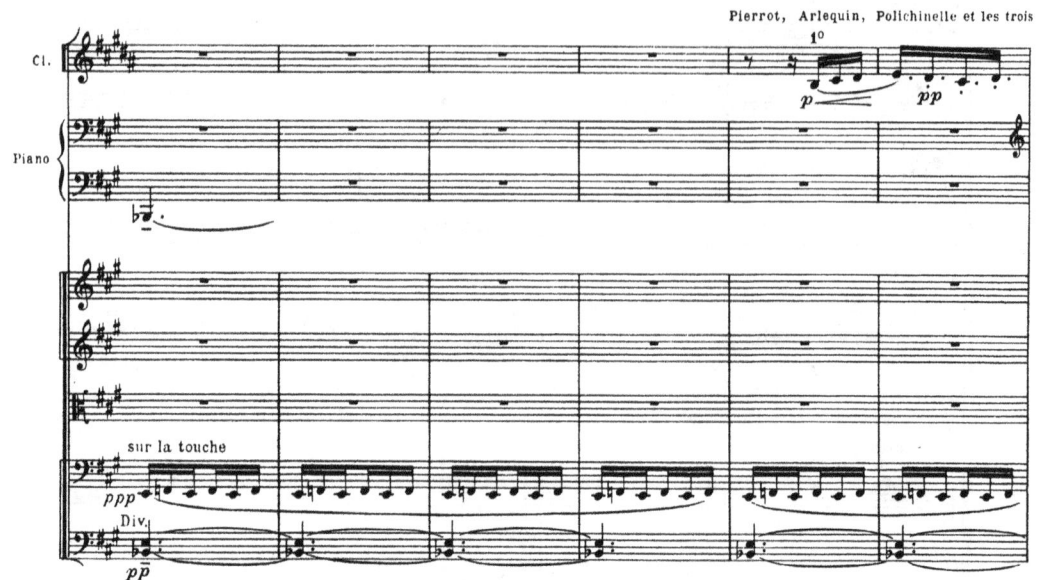

poupées reprennent leur place de sommeil

2º **TABLEAU**.. Une grande plaine verte; deux arbres de Nuremberg au milieu de la scène.

Mouvt
Fl.
Cl.
Bons
Cors
Piano
Unis arco
arco
Div.
pizz.
RIDEAU
Polichinelle est assis à côté de la poupée, et lui conte fleurette
Serrez un peu
30
Modérement animé
Harpe
ôtez la sourdine

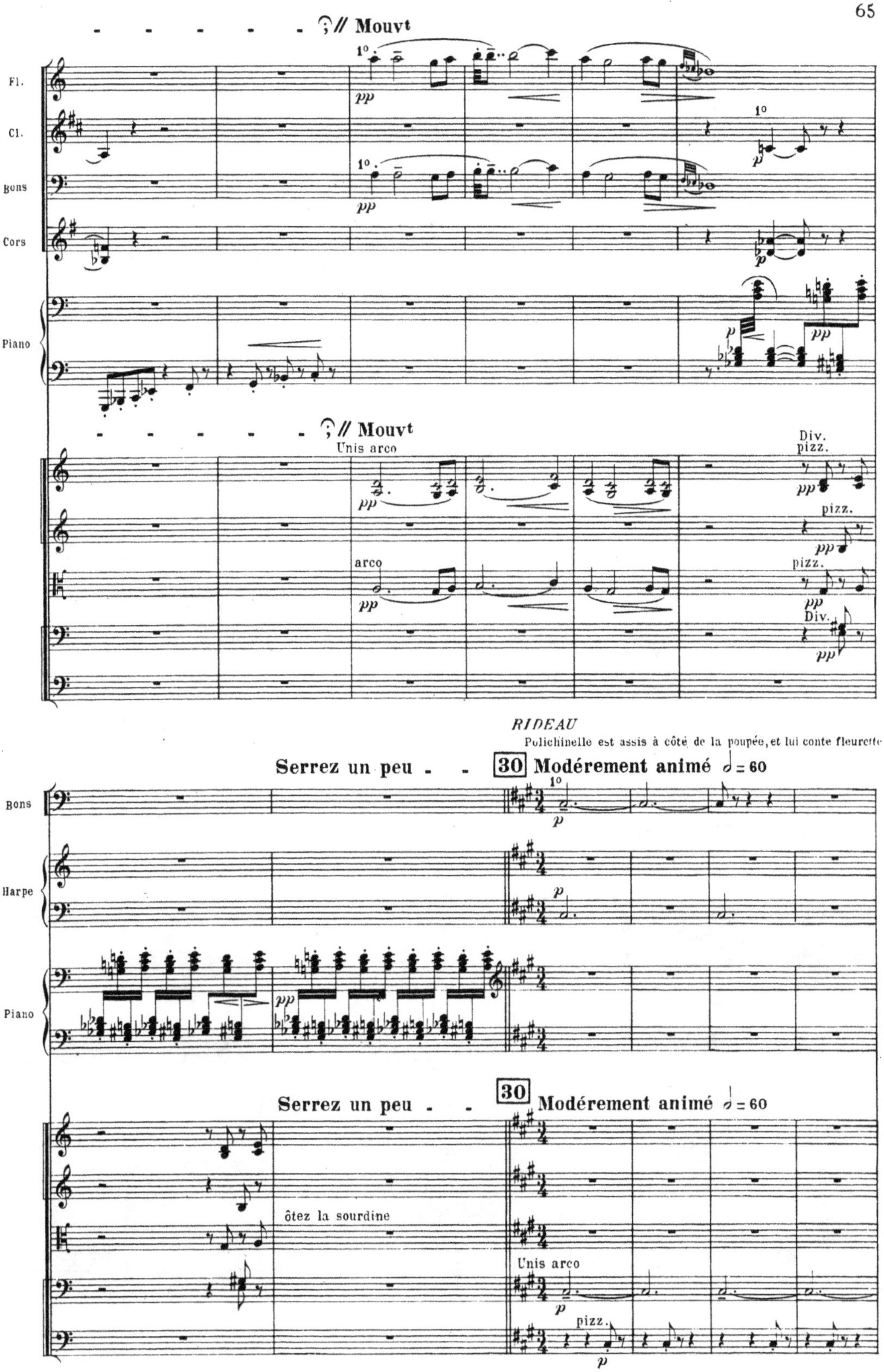

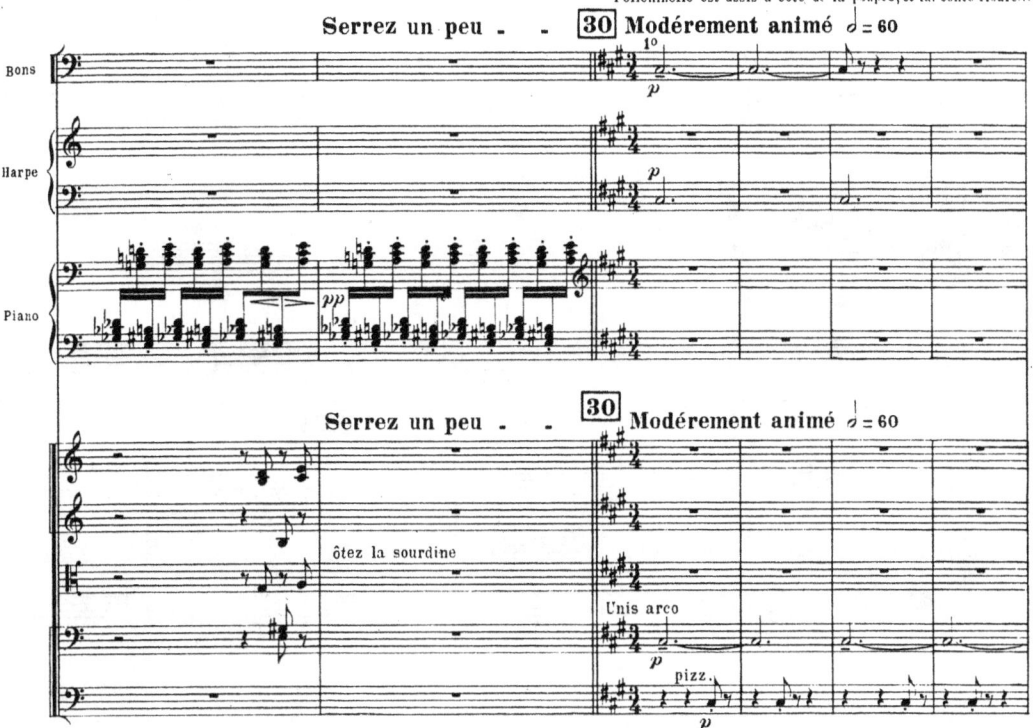

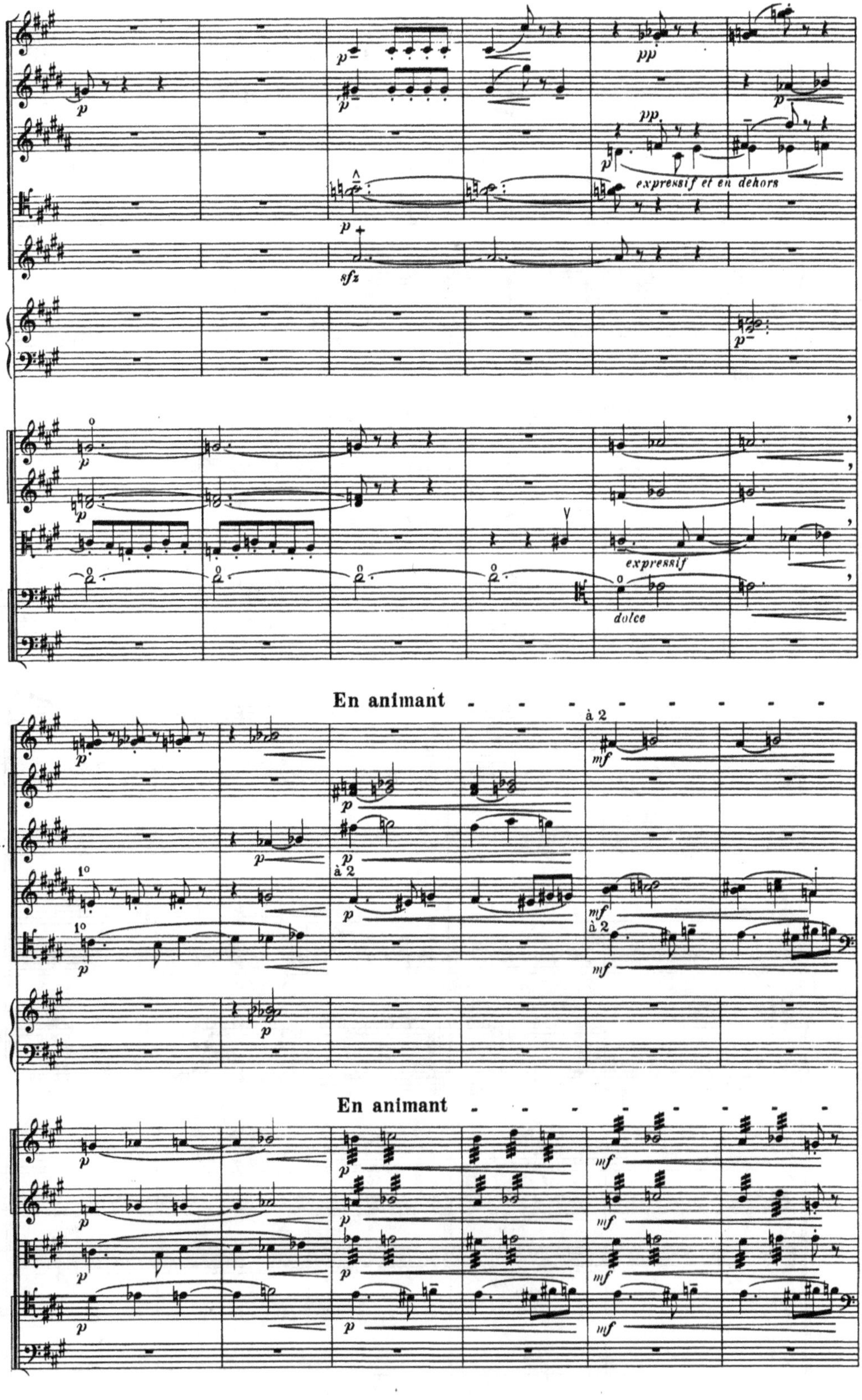
Cor A.
Cl.
Bons
Cors
Piano
expressif et en dehors
expressif
dolce
En animant
Fl.
Htb
Cor A.
Cl.
Bons
Harpe
à 2
En animant

La poupée lui demande un anneau de mariage.

32 Le double plus lent   **Retenu** - - - - - - //

74

Les soldats se mettent en rang de bataille.

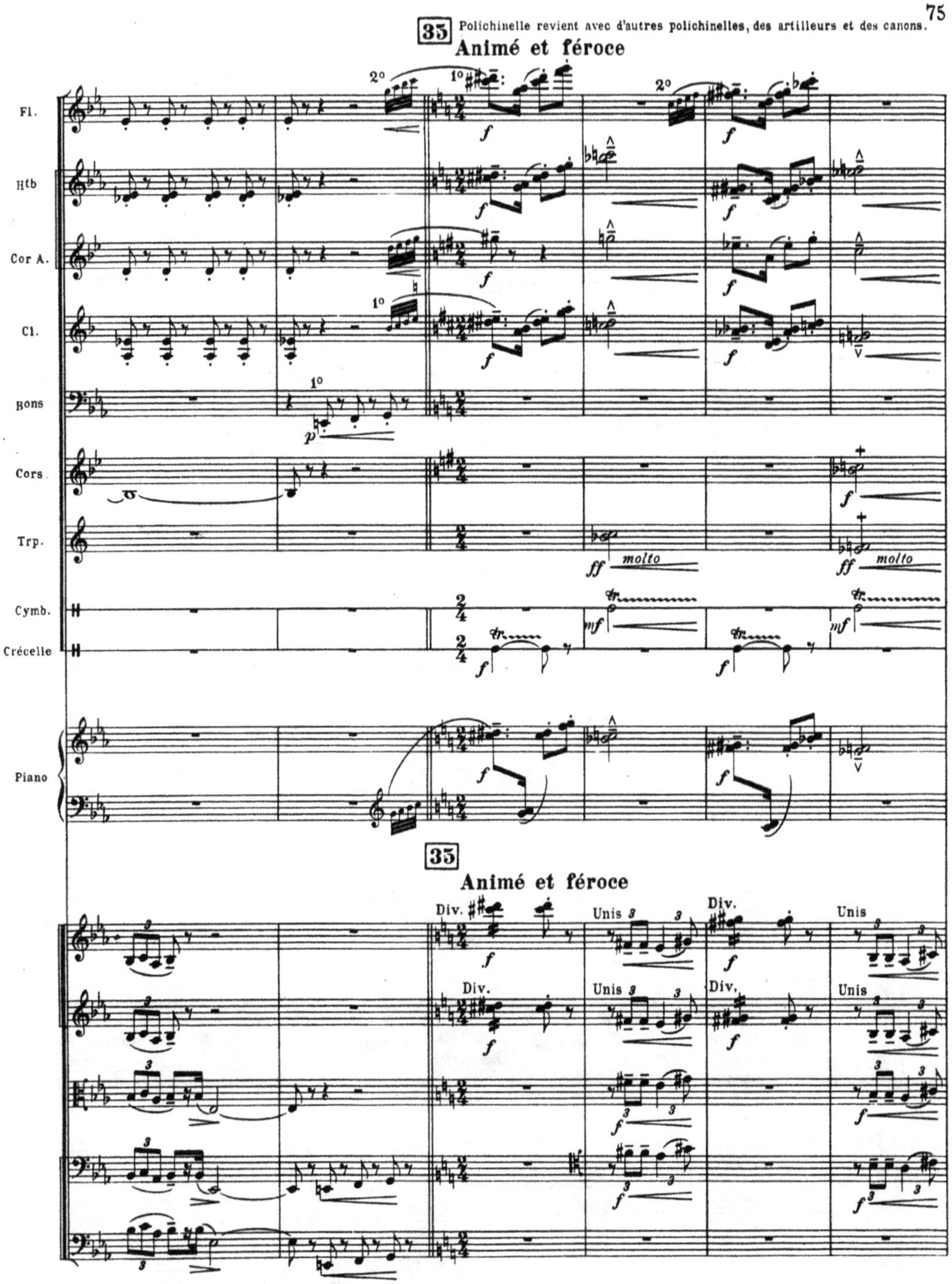
35 Polichinelle revient avec d'autres polichinelles, des artilleurs et des canons.
Animé et féroce
Fl.
Htb
Cor A.
Cl.
Bons
Cors.
Trp.
Cymb.
Crécelle
Piano
molto
35
Animé et féroce
Div.
Unis

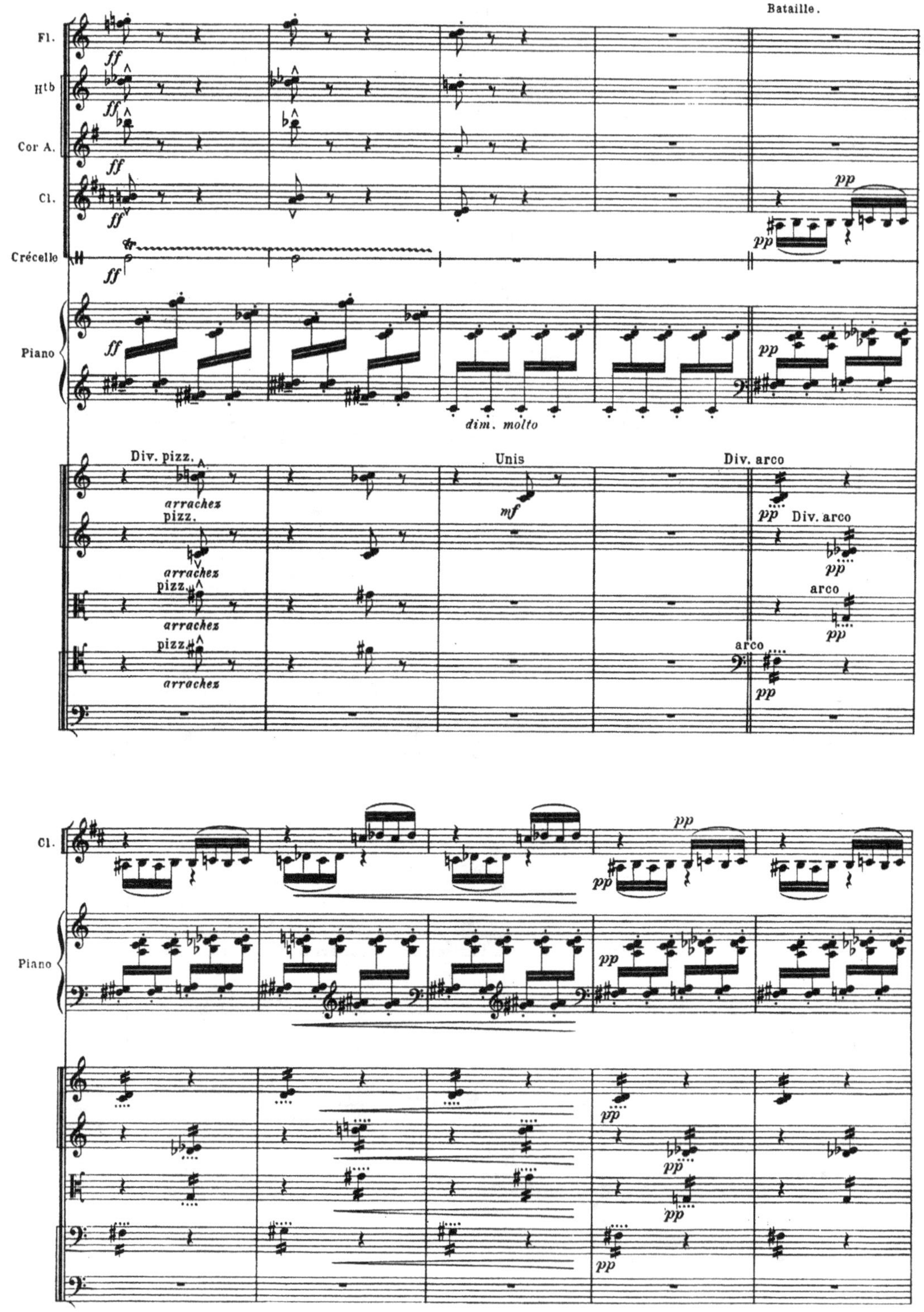
Bataille.
Fl.
Htb
Cor A.
Cl.
Crécelle
Piano
ff
dim. molto
pp
Div. pizz.
arrachez
pizz.
Unis
mf
Div. arco
arco
Cl.
Piano
pp

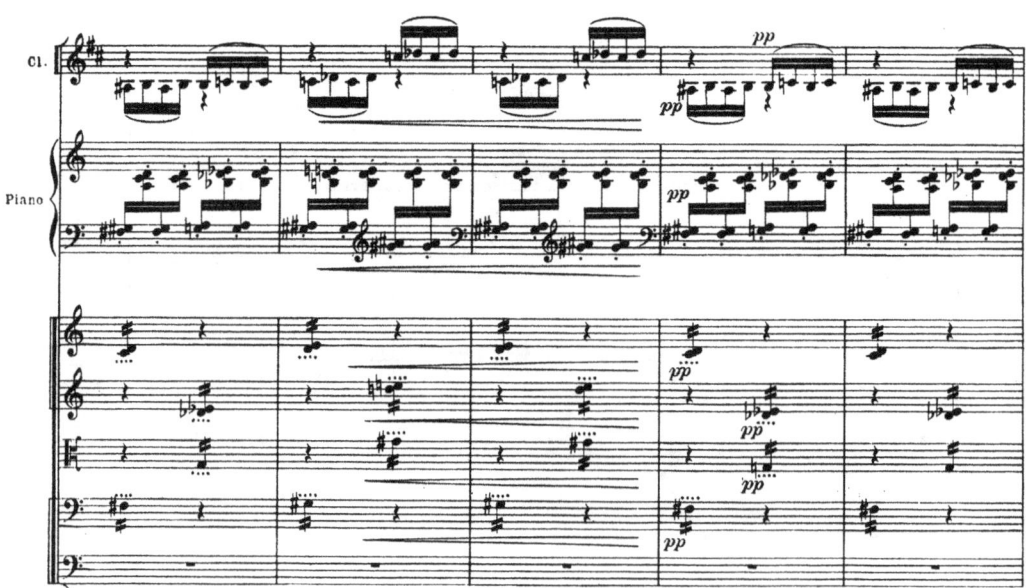

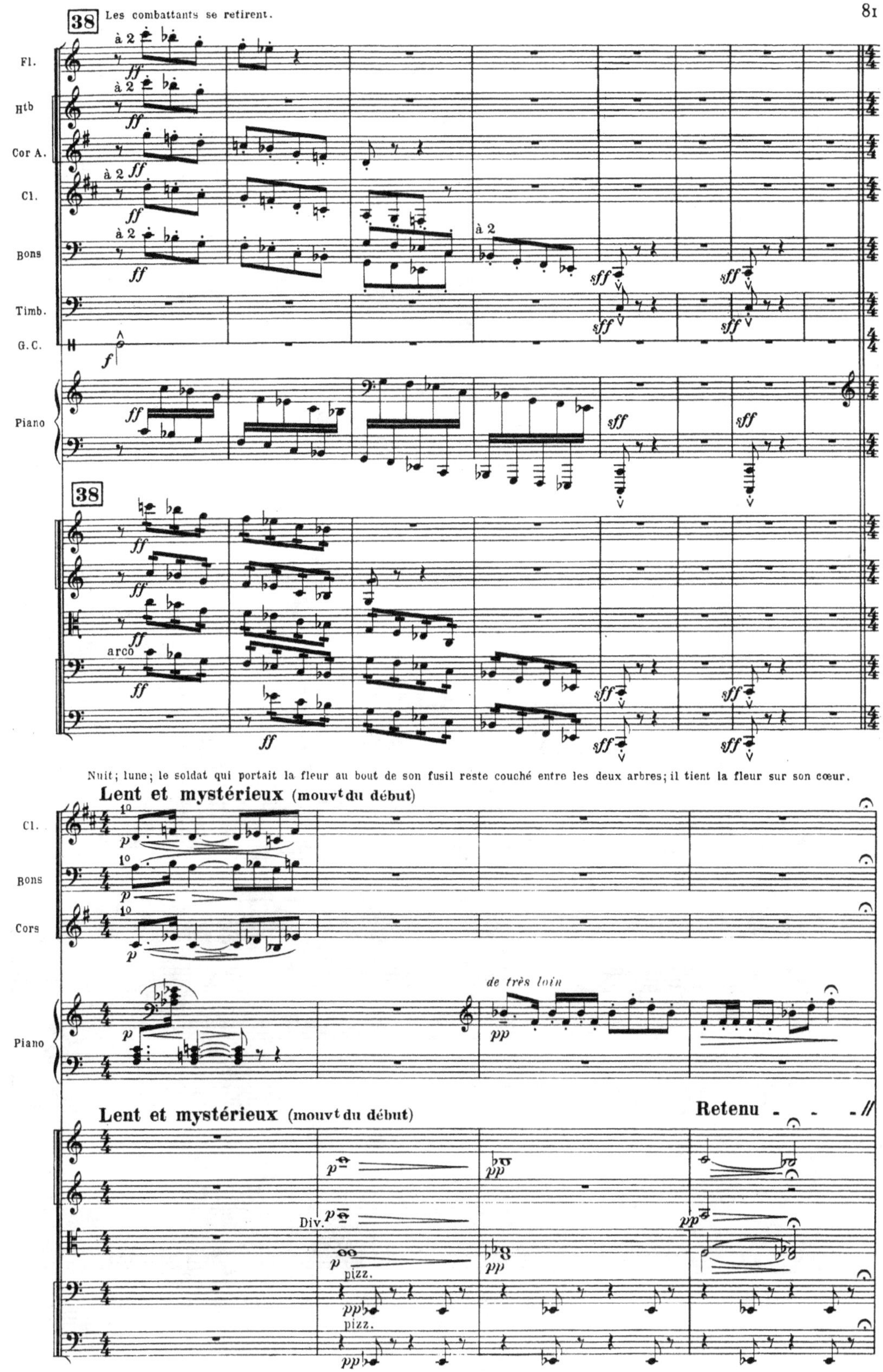
38
Les combattants se retirent.
Fl.
Htb
Cor A.
Cl.
Bons
Timb.
G.C.
Piano
à 2
ff
sff
f
38
arco
Nuit; lune; le soldat qui portait la fleur au bout de son fusil reste couché entre les deux arbres; il tient la fleur sur son cœur.
Lent et mystérieux (mouvt du début)
Cl.
Bons
Cors
Piano
1o
p
de très loin
pp
Lent et mystérieux (mouvt du début)
Retenu
Div.
pizz.

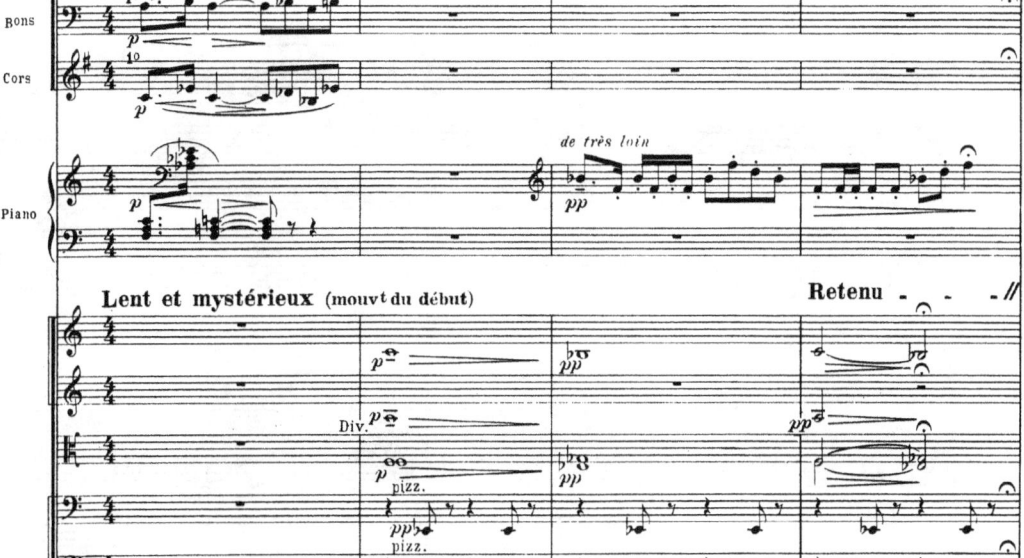

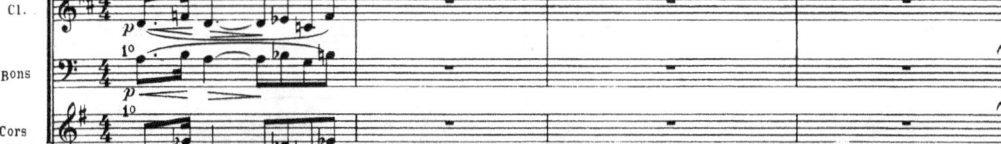

84

Cl.
p dim molto
Harpe
p dim molto
Piano
pp très léger
p dim molto
p dim molto
p dim molto
p dim molto
Piano
pizz.
pp
pizz.
pp

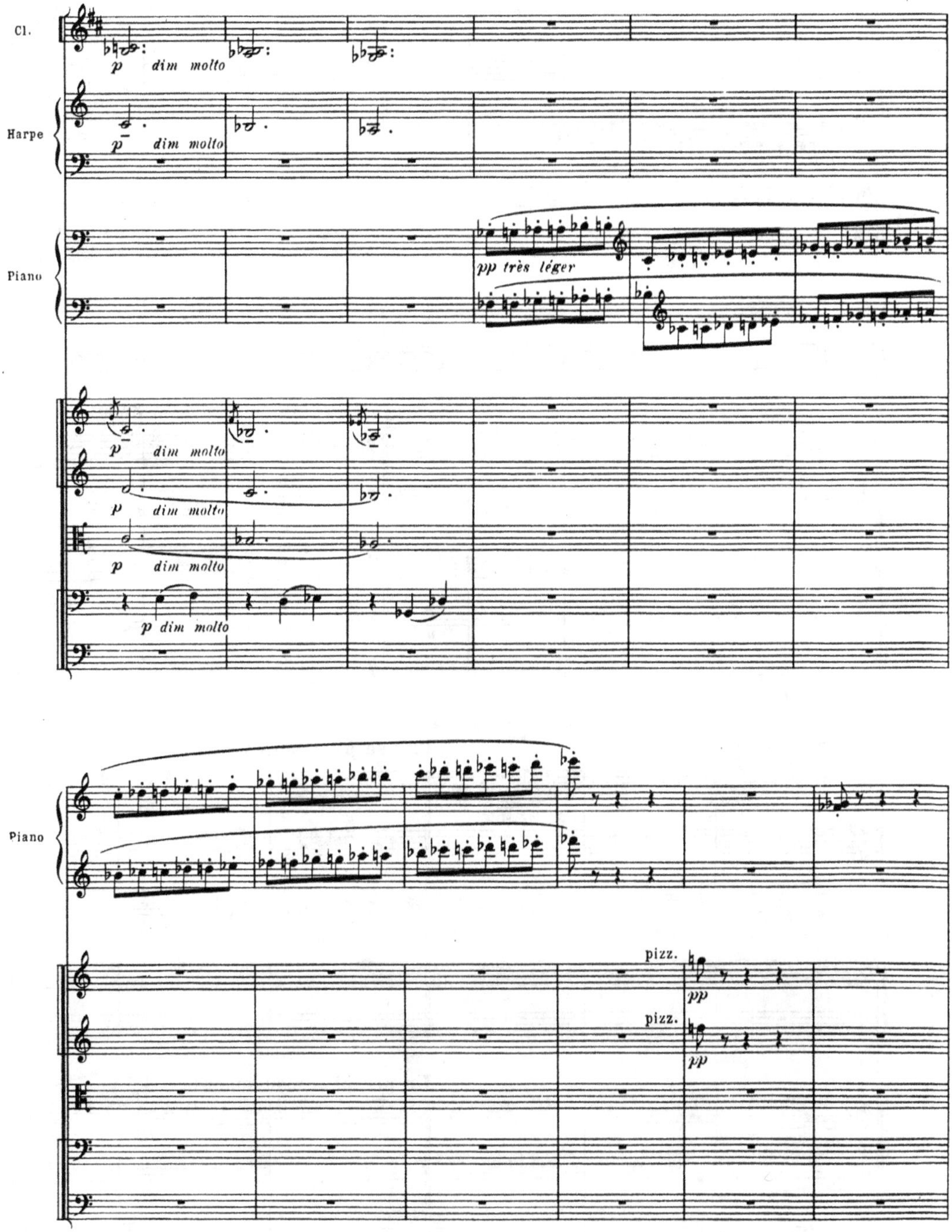

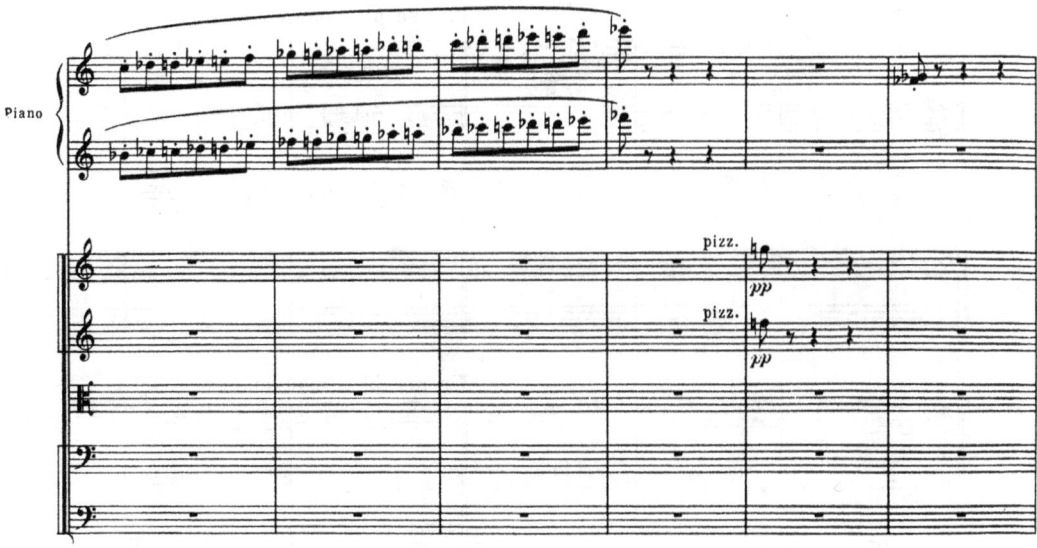

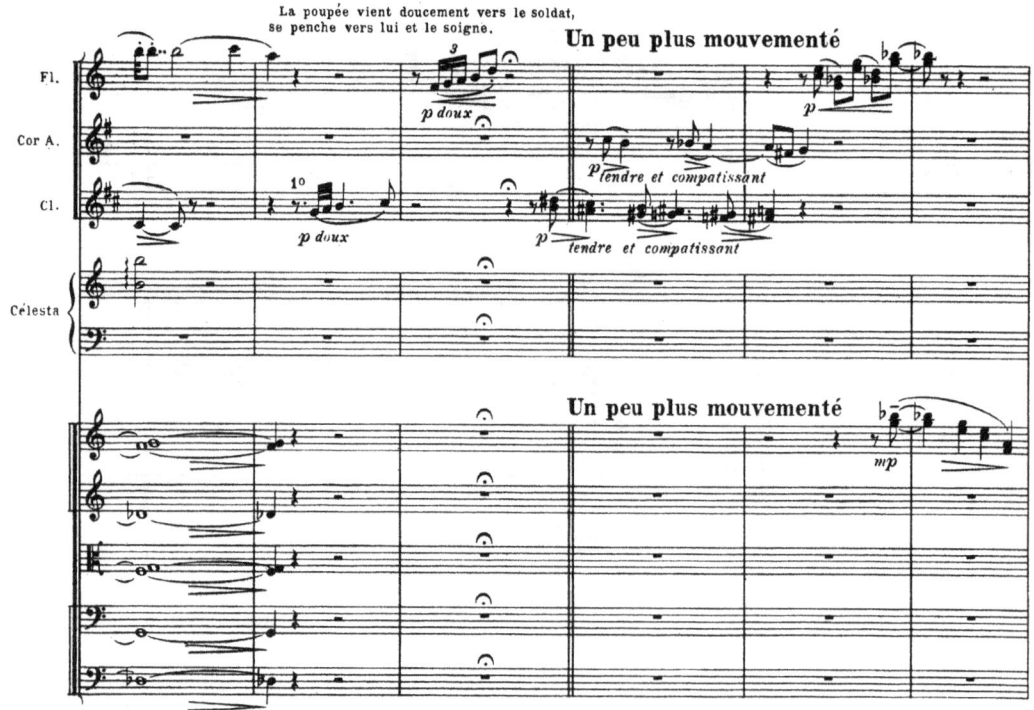

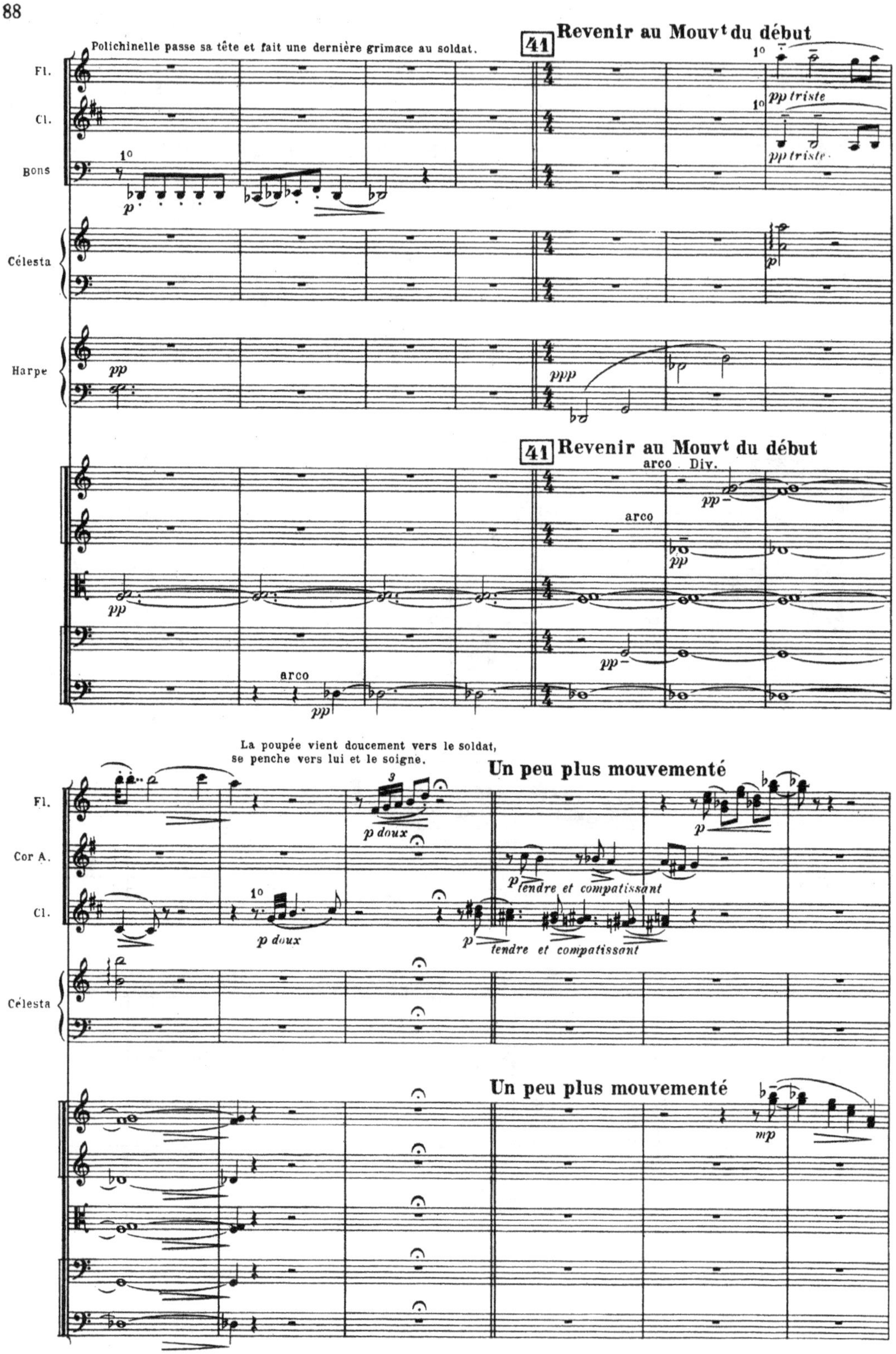
Polichinelle passe sa tête et fait une dernière grimace au soldat.
41 Revenir au Mouvt du début
Fl.
Cl.
Bons
Célesta
Harpe
pp triste
pp triste
arco Div.
arco
La poupée vient doucement vers le soldat,
se penche vers lui et le soigne.
Un peu plus mouvementé
Cor A.
p doux
tendre et compatissant

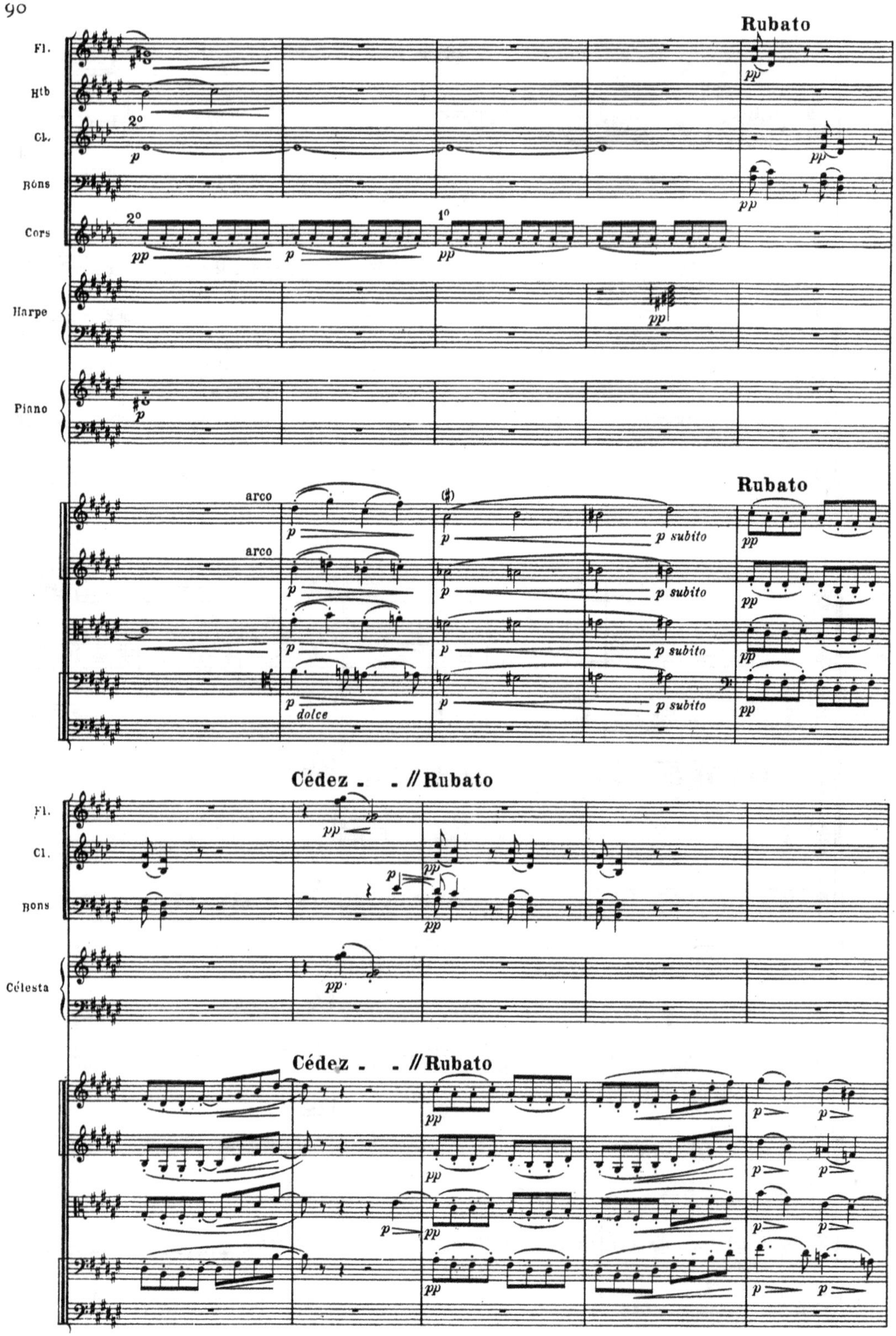
Rubato
Fl.
Htb
Cl.
Bons
Cors
Harpe
Piano
2°
1°
arco
arco
dolce
p subito
Rubato
Cédez - - // Rubato
Fl.
Cl.
Bons
Célesta
Cédez - - // Rubato

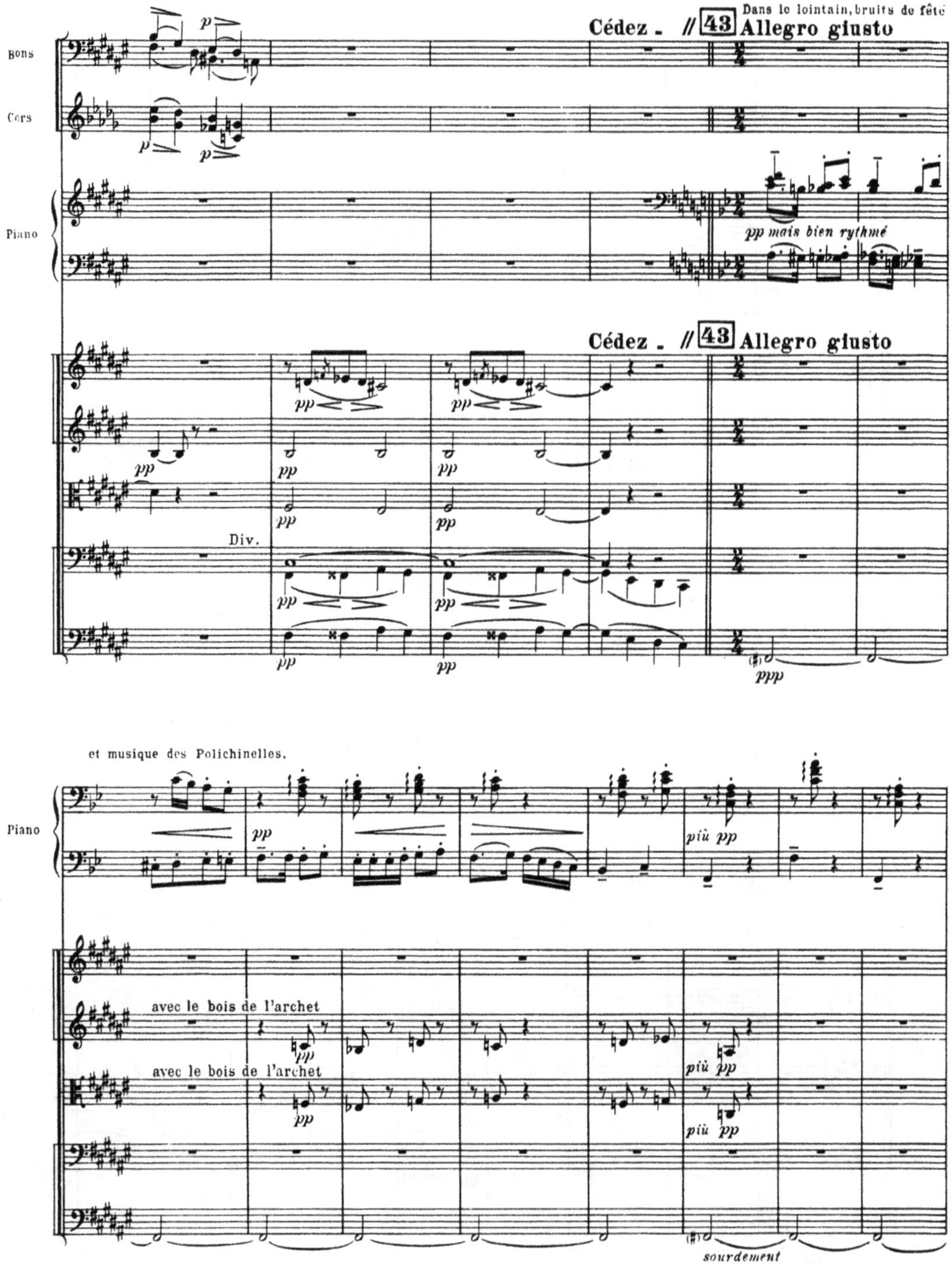

Dans le lointain, bruits de fête
Cédez
43
Allegro giusto
Bons
Cors
Piano
pp mais bien rythmé
Div.
et musique des Polichinelles.
più pp
avec le bois de l'archet
sourdement

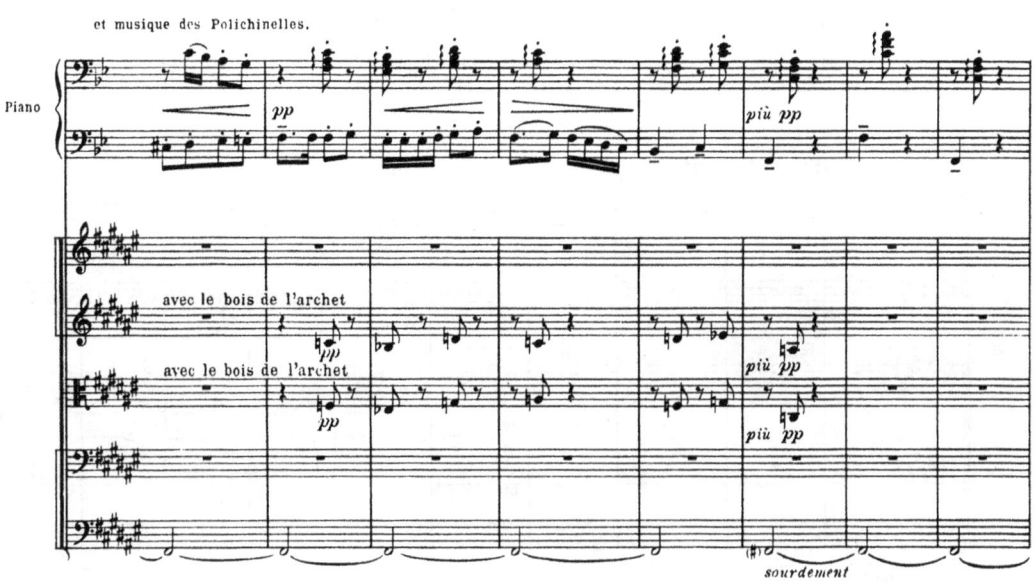

3ᵉ TABLEAU. — Un paysage désolé; dans le fond, une bergerie cassée avec des barrières démolies et un écriteau: "Bergerie d'occasion à vendre"

Très modéré (♩.=54)

- 2 GRANDES FLÛTES — *p doux et mélancolique*
- 2 HAUTBOIS
- 1 COR ANGLAIS
- 2 CLARINETTES en SI♭ — *p*
- 2 BASSONS
- 2 CORS en FA — *pp dim.*
- 2 TROMPETTES en UT
- TIMBALES
- TRIANGLE
- TAMBOUR
- CYMBALES
- GROSSE CAISSE
- CÉLESTA
- HARPE
- PIANO

Très modéré (♩.=54)

- VIOLONS
- ALTOS
- VIOLONCELLES
- CONTREBASSES

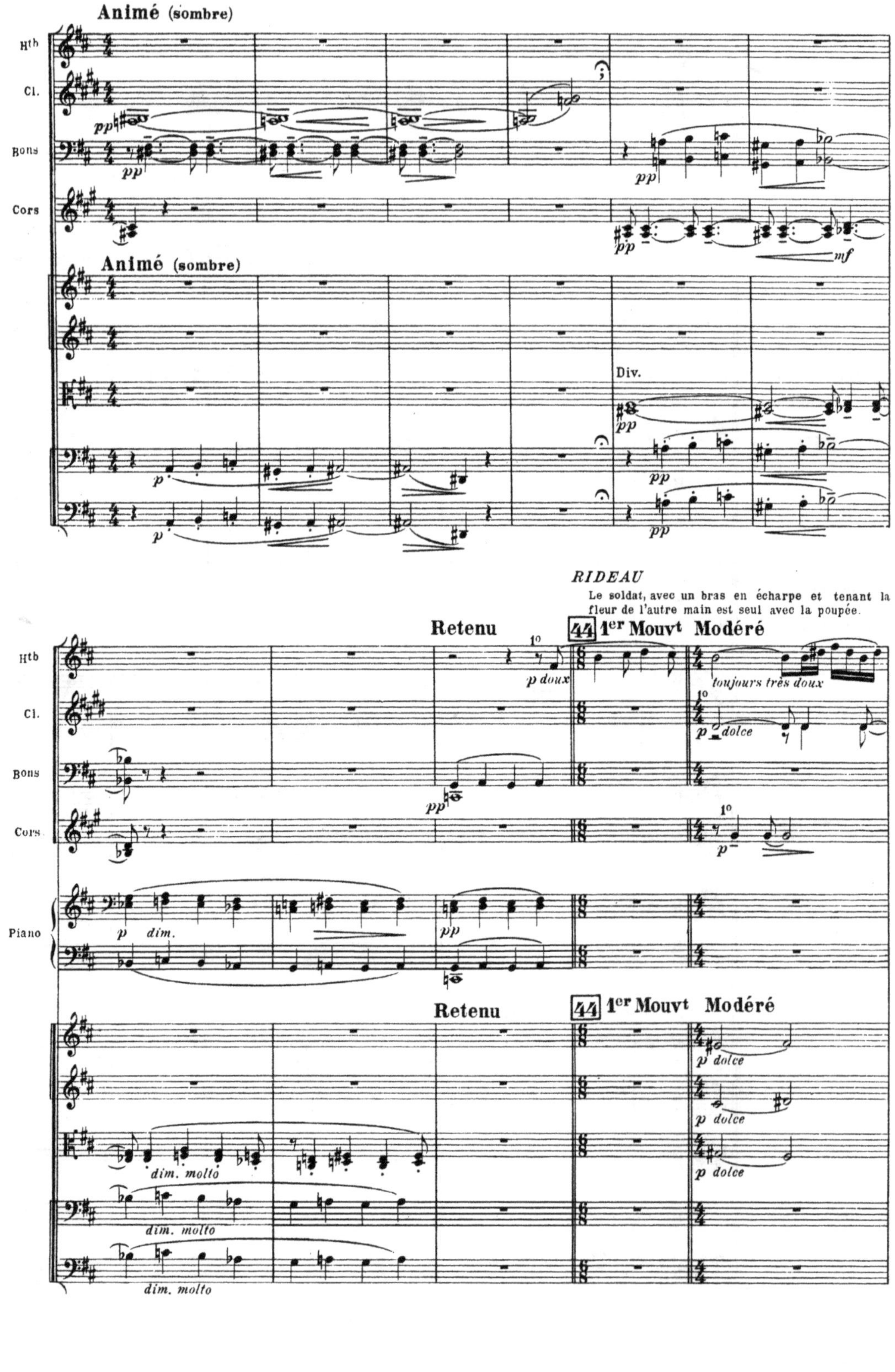
Animé (sombre)
Hth
Cl.
Bons
Cors
Animé (sombre)
Div.
RIDEAU
Le soldat, avec un bras en écharpe et tenant la fleur de l'autre main est seul avec la poupée.
Retenu
44 1er Mouvt Modéré
p doux
toujours très doux
p dolce
Piano
p dim.
pp
dim. molto
mf

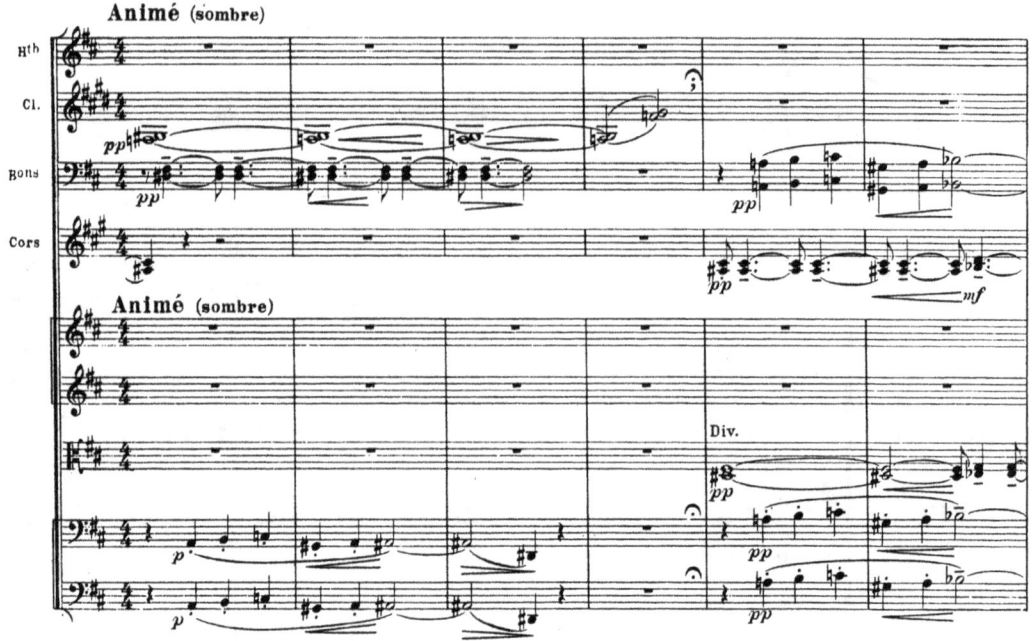

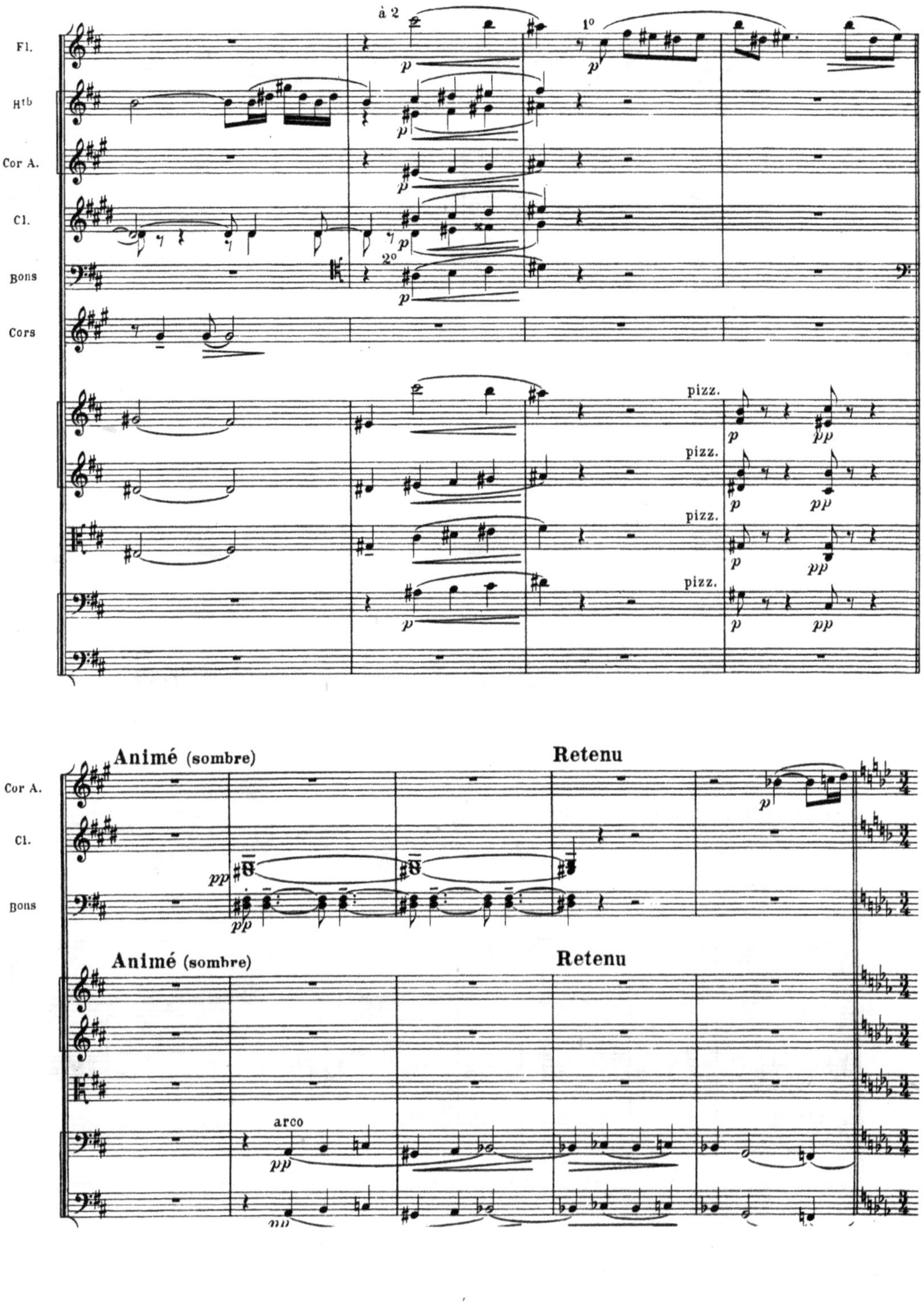
Fl.
Htb
Cor A.
Cl.
Bons
Cors
à 2
1o
2o
p
pizz.
pp
Animé (sombre)
Retenu
arco

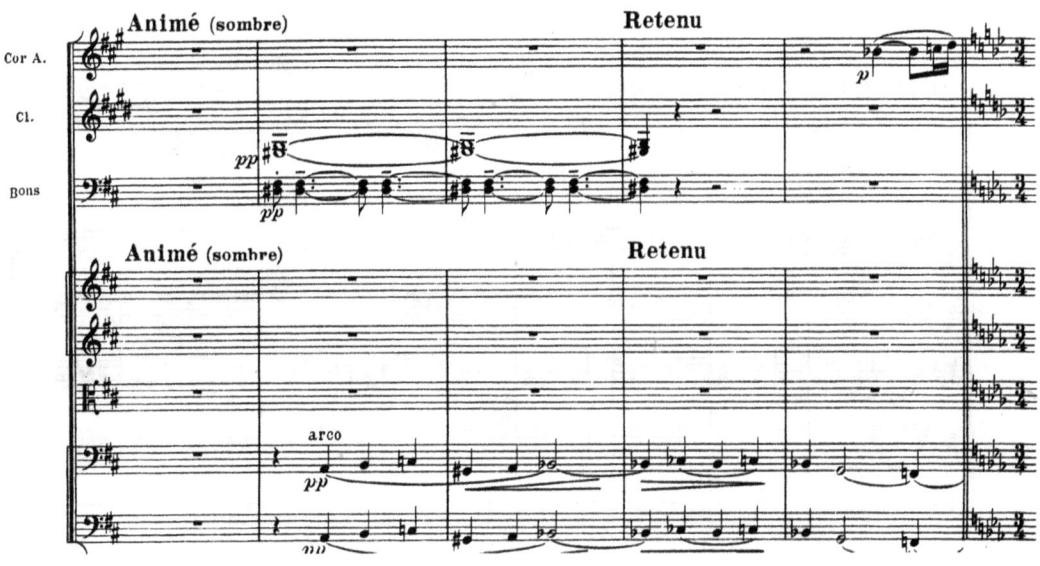

98

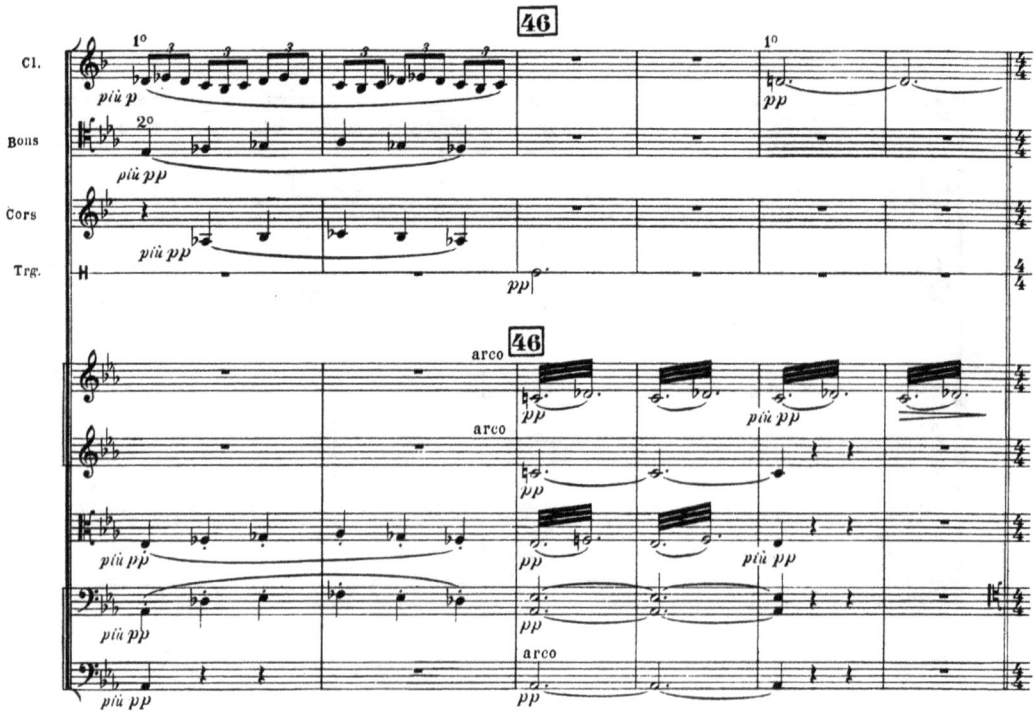

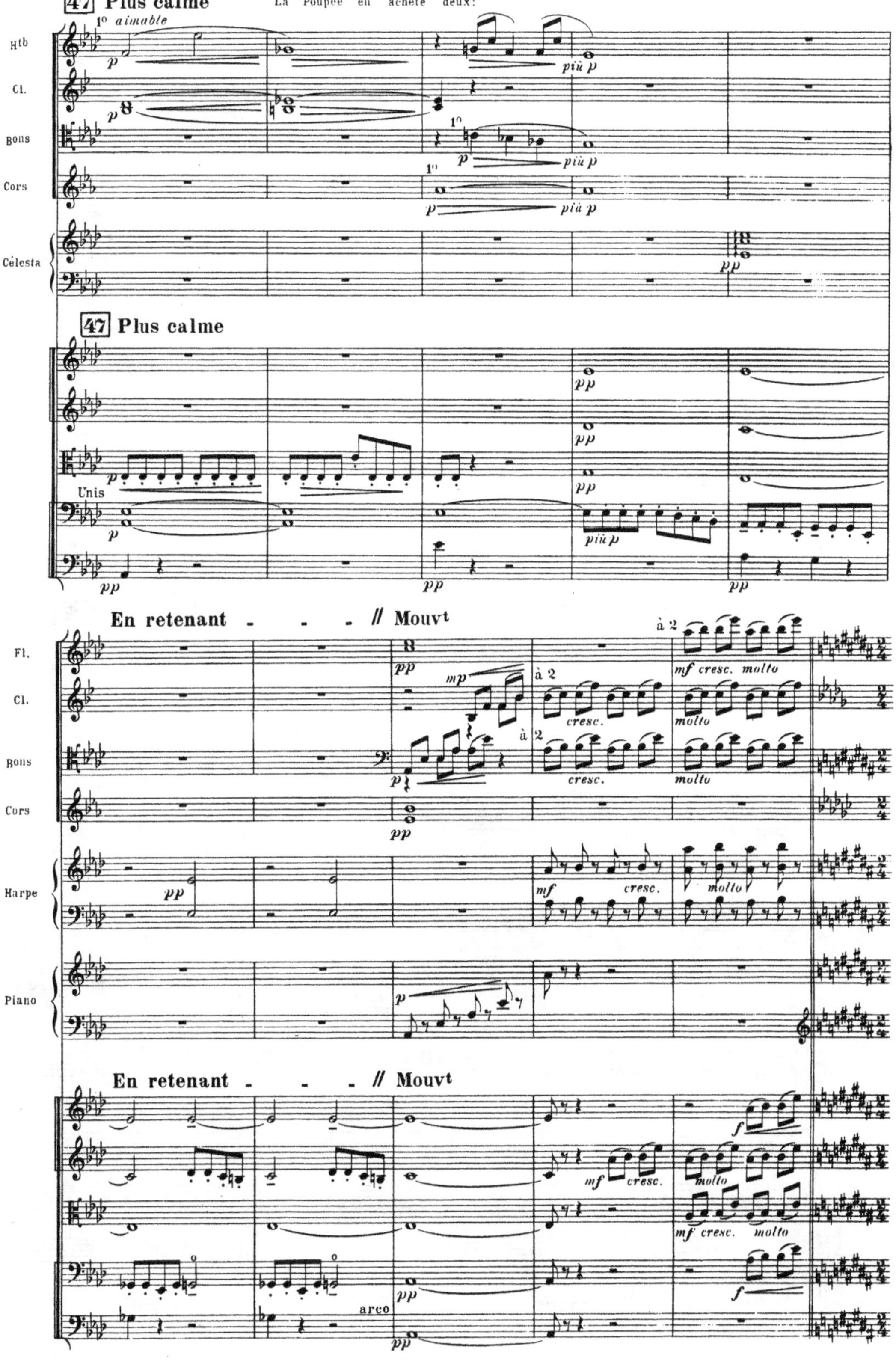
47 Plus calme
La Poupée en achète deux:
1° aimable
Htb
Cl.
Bons
Cors
Célesta
p
più p
pp
47 Plus calme
Unis
En retenant - - - // Mouvt
Fl.
Cl.
Bons
Cors
Harpe
Piano
à 2
mf cresc. molto
mp
cresc.
molto
mf
arco
f

103

Seuls sur la scène avec leurs deux oies et leurs deux moutons le soldat et la poupée se laissent aller à la mélancolie que
48
Lent et mélancolique
Cor A.
lointain
sempre pp
lointain
sempre pp
lointain
sempre pp
pp lointain
pp lointain
verse dans leurs petites âmes en bois le chalumeau du pâtre.
Retenu
très doux
1º
Fl.
pp
Cor A.
pp
Cl.
à 2
pp
1º
Bons
pp
Cors
pp
Retenu
pp
poco
ppp
pp
poco
ppp
pp
poco
ppp
ppp

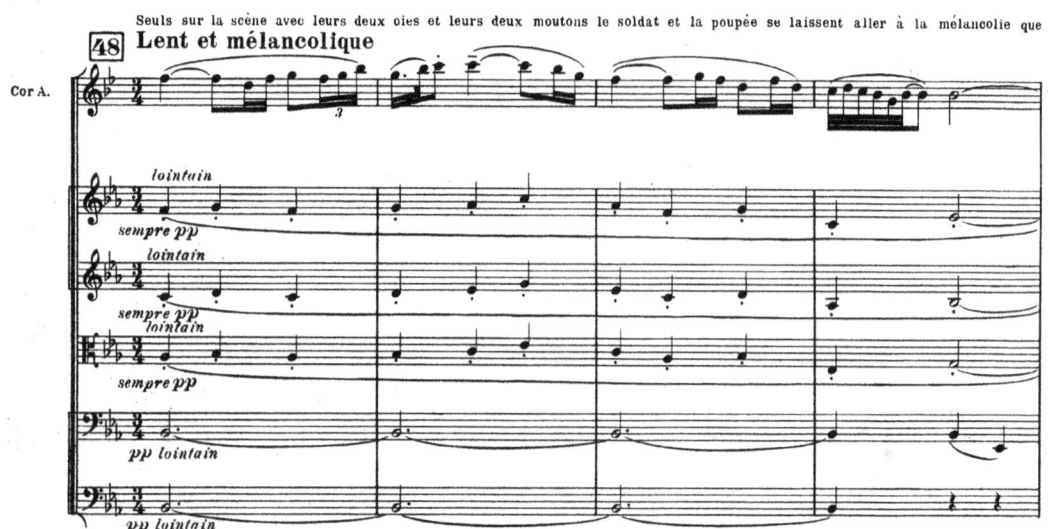

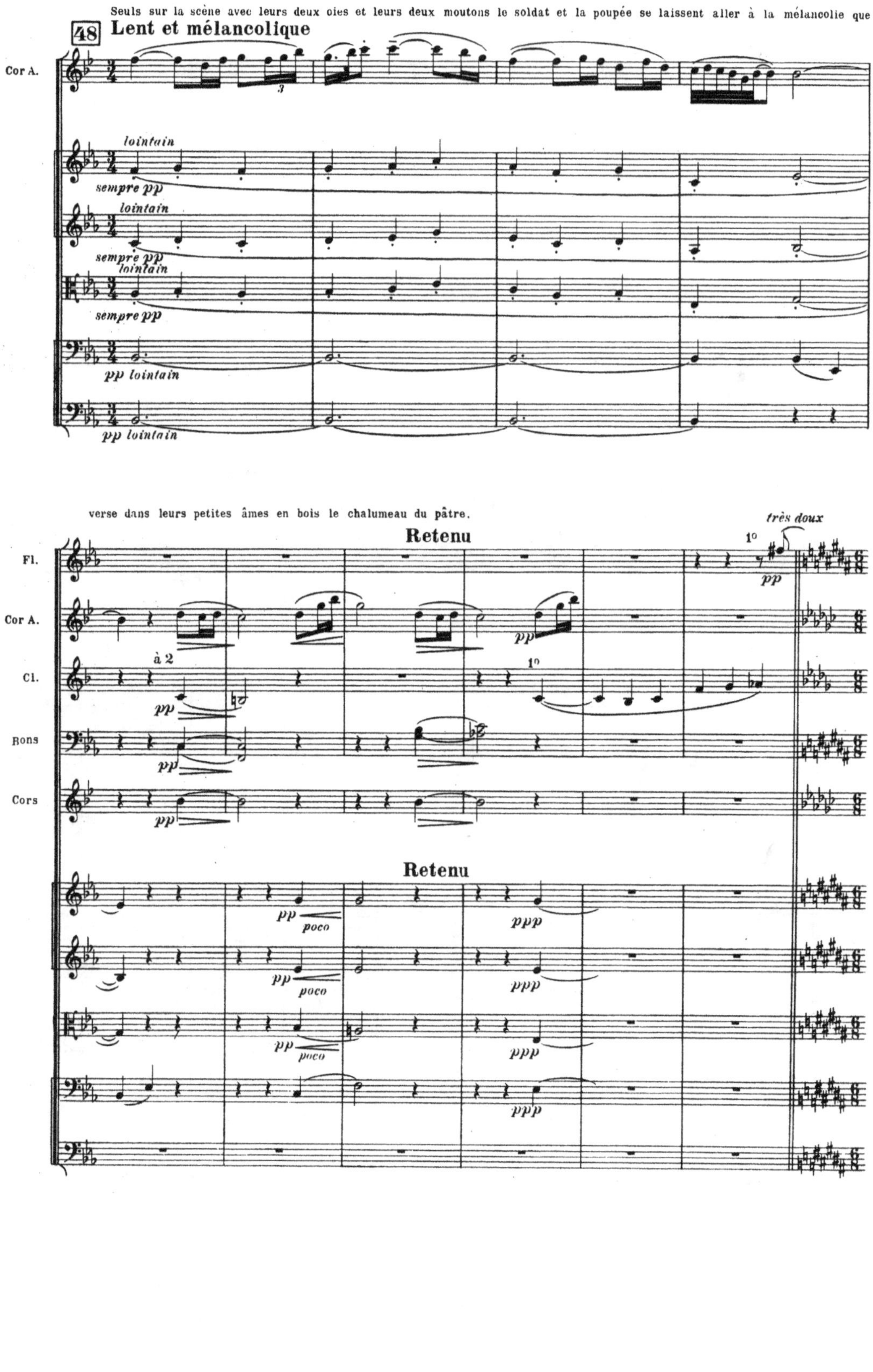

4ᵉ TABLEAU

La toile au fond qu'on a laissé tomber représente un confortable châlet qui porte une banderolle sur laquelle on lit "Vingt ans après". On voit d'abord: Polichinelle en garde-champêtre avec baudrier et plaque "LA LOI"

III

Les enfants enthousiasmés dansent une polka célèbre avec un évident irrespect pour la pensée de l'auteur.

Tempo di Polka ($\quarternote = 96$)

117

EPILOGUE

Peu à peu on revoit le décor du 1ᵉʳ Tableau avec les mêmes personnages.

118

La tête du petit soldat de bois apparaît; il fait le salut militaire au moment où le rideau tombe.